Jochen Stork (Hrsg.): Das Märchen – ein Märchen?

Jochen Stork (Hrsg.)

Das Märchen – ein Märchen?

Psychoanalytische Betrachtungen
zu Wesen, Deutung und Wirkung der Märchen

5. Symposion
der Poliklinik für Kinder- und Jugendpsychotherapie
der Technischen Universität München

problemata
frommann-holzboog 114

Herausgeber der Reihe „problemata“: Günther Holzboog

CIP-Kurztitelaufnahme der Deutschen Bibliothek

Das **Märchen - ein Märchen**?:
Psychoanalyt. Betrachtungen zu Wesen, Deutung u. Wirkung d. Märchen /
Jochen Stork (Hrsg.). -
Stuttgart-Bad Cannstatt: frommann-holzboog, 1987.
(problemata ; 114) (... Symposion der Poliklinik für Kinder- und
Jugendpsychotherapie der Technischen Universität München ; 5)
ISBN 3-7728-0943-X brosch.
ISBN 3-7728-0942-1 Gewebe

NE: Stork, Jochen [Hrsg.]; Poliklinik für Kinder- und Jugendpsychotherapie
⟨München⟩: ... Symposion der ...; 1. GT

Satz und Druck: Zechnersche Buchdruckerei Speyer
Einband: Ernst Riethmüller Stuttgart

Zusammenfassung

Wir sagen leichthin, daß diese oder jene Geschichte nur ein Märchen sei, was soviel heißt, wie eine erfundene, vielleicht sogar erlogene Geschichte, ohne Wahrheit, ohne Wirklichkeit, etwas was wir nicht ernst nehmen müssen. Oder wir fühlen uns bei einem glücklichen Erlebnis wie in ein Märchen versetzt oder wie in einen Traum. Und auch hier beschwichtigen, beschönigen und verniedlichen wir. Denn eigentlich, aus der Nähe betrachtet, weiß ein jeder, daß das Märchen von ernsten und oft grausamen Dingen handelt. Wohl gerade diese Doppelsinnigkeit ist ein wesentliches Charakteristikum des Märchens, welches es mit dem Traum teilt. Dieses Buch, das verschiedene Aufsätze von Autoren aus unterschiedlichen Kulturkreisen enthält, versucht eine Antwort auf die Frage nach dem Märchen zu finden und ist der psychoanalytischen Betrachtung unbewußter Zusammenhänge über dieses erstaunliche Phänomen verpflichtet.

Summary

We so easily say that this or that story is 'only a fairy tale', that is to say made-up, perhaps even a lie; without truth, without reality, not to be taken seriously. Or, having a happy experience makes us feel transposed into a fairy tale or into a dream. Here too we appease, we prettify, we sweeten it up. For in fact everyone knows that from close up a fairy tale deals with serious and often cruel things. Indeed it is just this double meaning which is an essential characteristic of the fairy tale and which it shares with dreams. This book which contains various essay by authors from different cultures, tries to find an answer to the 'question of the fairy tale' and is committed to the psychoanalytic view of the unconscious connections to be found in these astonishing phenomena.

Résumé

Nous disons un peu à la légère que telle ou telle histoire est une pure fable, ce qui revient à dire qu'elle n'est que pure invention, voire même un mensonge, dépourvue de vérité, de réalité, quelque chose que l'on ne doit pas prendre au sérieux. Ou bien un évènement heureux fait que l'on se sent comme transporté dans un conte ou dans un rêve. Là aussi, on arrange les choses, les embellit, les enjolive. Car à dire vrai, si on le considère de plus près, chacun de nous sait bien que le conte traite de choses sérieuses, souvent cruelles. Et cette ambiguité est justement une caractéristique essentielle du fable qu'elle partage avec le rêve. Le présent livre, contenant divers exposés d'auteurs venant de mondes culturels différents, tente de trouver réponse à la question du fable et se fait un devoir de réfléchir par la psychanalyse sur les liens inconscients ayant trait à ce phénomène étonnant.

Inhalt

Das Märchen – ein Märchen?

Jochen Stork (München)

Wenn auch keine erklärte Absicht, ist es eine glückliche Fügung, daß dieses Symposion annähernd mit dem 200. Geburtstag von Jacob Grimm zusammenfiel. Es waren die Gebrüder Grimm, die mit ihren „Kinder- und Hausmärchen“ 1812 und 1814 eine Sammlung volkstümlicher Erzählungen geschaffen haben, der das erstaunliche Schicksal widerfuhr, das meist bekannte und meist übersetzte Buch deutscher Sprache zu werden. Dabei ist es keineswegs wissenschaftliche Gründlichkeit, die diesem Erfolg zugrunde liegt. Es ist vor allem ein genialer Spürsinn und eine unschätzbare Fähigkeit der Einfühlung in das Wesen des Märchens, in seine wesentlichen Aussagen, die die Märchensammlung weltweit im Mittelpunkt stehen läßt und sie zur tragfähigsten Grundlage der Märchenforschung macht.

Schon als das Märchen nicht die Popularität besaß, die es zur Zeit genießt, gab es am Biederstein Vorlesungen und Seminare über diese Literaturgattung. Damals jedoch beherrschten laute Stimmen die Szene (s.u.a. Gmelin, 1977, 24–52), die das Märchen als literarischen Müll schmähten, das auf verbrecherische Art und Weise eine Ordnungskoordinate des menschlichen Bewußtseins, nämlich die historische Dimension zerstört, und das den Kindern das Gift der Aggression, der Unterdrückung und der Untertänigkeit einträufelt und damit die Entfremdung zwischen den Menschen einführt. Eine solche wahnwitzige Auffassung und ideologische Position war nicht unser Verständnis vom Märchen. Unsere Absicht bestand darin, ganz im Gegenteil einen tiefen Einblick in Aussagen, sowie die Form der Aussagen, und den Einfluß zu erlangen, den Märchen auf den Menschen ausüben. Wir haben versucht, mit seiner Hilfe Einsicht in verborgene Schichten der menschlichen Natur und in das Unbewußte zu erhalten.

In den letzten Jahren fanden die erwähnten Veranstaltungen gemeinsam mit Walter Scherf statt, einem eminenten Kenner der Weltliteratur des Märchens, dem mein uneingeschränkter Dank zukommt für die Möglichkeit, mit ihm eine Reflexion über das Märchen zu pflegen, in deren Mittelpunkt das Wesen, die Deutung und die Wirkung des Märchens steht. Aus dieser Beschäftigung mit dem Märchen ist dieses Symposion hervorgegangen. Hier kann Bruno Bettelheim nicht unerwähnt bleiben, mit dem mich eine langjährige väterliche Freundschaft verbindet und der im Biederstein so oft unser Gast zu Vorlesungen und Seminaren war. Auch ihm gilt mein liebevoller Dank, in seinem hohen Alter zu diesem Symposion gekommen zu sein.

Bei näherer Betrachtung steht eine eigentlich recht *törichte Frage* diesem Symposion voran. Wohl niemand von Ihnen hätte sich bemüßigt gesehen, an einer solchen Veranstaltung teilzunehmen, wenn die Frage – das Märchen, ein Märchen? – allgemein zu bejahen wäre. Wir alle sind, ganz im Gegenteil, überzeugt, daß das Märchen eine wertvolle Literaturgattung ist, mit dem Mythos vergleichbar, das seine Herkunft aus volkstümlichen Quellen bezieht und, was für unser Verständnis entscheidend ist, ein äußerst bevorzugtes Mittel darstellt, uns einen Blick in die Geheimnisse und Abgründe der menschlichen Seele, in die Ursprünge der menschlichen Existenz, kurz in das Unbewußte zu erlauben. Wir sind überzeugt, daß das Märchen beitragen kann, Ängste zu überwinden, Konflikte zu lösen, auf Fragen Antwort und Sinn zu geben, der unerläßlich für das Verständnis von uns selbst, wie von unserer Umwelt ist. Von der allgemeinen Hochschätzung, die das Märchen genießt, will ich erst gar nicht sprechen.

Dennoch sagen wir, diese oder jene Geschichte sei nur ein Märchen, was so viel heißt, wie eine erfundene, vielleicht sogar erlogene Geschichte, ohne Wahrheit, ohne Wirklichkeit, etwas, was wir nicht ernst nehmen müssen. Oder wir fühlen uns bei einem glücklichen Erlebnis wie in ein Märchen versetzt oder wie in einen Traum. Und auch hier beschwichtigen, beschönigen und verniedlichen wir. Denn eigentlich weiß ein jeder, daß das Märchen von ernsten und oft grausamen Dingen handelt. Wohl gerade dieser Umstand, diese Doppelsinnigkeit, ist ein wesentliches Charakteristikum des Märchens, welches es übrigens mit dem Traum teilt. Sagen wir nicht dieses oder jenes seien nur Träume, und Träume seien Schäume?

Was aber mag uns veranlassen, eine solche Haltung gegenüber dem Märchen einzunehmen? Die erste Antwort könnte lauten, weil sie für Kinder geschrieben sind, was einleuchtet aber nicht stimmt, wie wir wissen. Eine zweite Antwort mag lauten, weil das Märchen in der Regel keinen tragischen Ausgang kennt, immer gut endet. Mir scheint vielmehr, daß es die Angst und die Gefahr ist, wir könnten das Märchen wirklich ernst nehmen, die uns diese vordergründige Geringschätzung auferlegt. Es ist gerade diese kleine Unwahrheit, so will mir scheinen, die das Märchen braucht und benutzt, um die Form zu finden, in der es uns von so wesentlichen und sinnvollen aber auch zutiefst tragischen Dingen berichten kann, wie dem Aufeinandertreffen narzißtischer und inzestuöser Phantasiegebilde mit Versagungen und Verboten. Es ist dieser Kunstgriff mit dem es dem Märchen gelingt, uns mit einer verblüffenden Unmittelbarkeit und Direktheit, mit unseren unbewußten Regungen zu konfrontieren, ohne Ängste und Hindernisse entstehen zu lassen, die unerträglich sind.

Werfen wir einen kurzen Blick auf das *Märchen von der klugen Else.* Es handelt von einem Mädchen, einer Frau, die, wie Vater und Mutter sagen, recht gescheit ist, denn – so wird ihre Klugheit begründet – sie hat Zwirn im Kopf, sieht den Wind auf der Gasse laufen und hört die Fliegen husten. Es kommt ein Mann von weither, der Hans heißt, und der sie heiraten will, aber nur unter der Bedingung, daß sie auch klug sei.

Es ist eine bemerkenswerte Tatsache, daß ein überaus großer Teil der Märchen mit der Hochzeit endet, damit, daß ein Mann oder eine Frau ihren Partner für das Leben gefunden haben. Wenn wir diesen Umstand näher betrachten, stellt er sich als keineswegs zufällig heraus und ist auch nicht unbedingt gedacht als eine Art Werbung für die Ehe. Er steht eher, so will mir scheinen, als eine Art Symbol für ein gereiftes Menschsein das gleichbedeutend ist, wie das Märchen immer wieder betont, mit der Fähigkeit, die Sexualität zu integrieren. Das wiederum bedeutet nichts anderes, als das Heraustreten aus der primären, narzißtisch inzestuösen Verstrickung mit der Mutter-Imago, ein Thema, das durchgängig zu finden ist. Es beinhaltet die Überwindung der Kastrationsangst, somit die Möglichkeit, mit Fehlern und Schwächen, wie auch seinen Eigenarten zu leben. Es symbolisiert aber vor allem die Fähigkeit der Begegnung mit der eigenen und der Sexualität des anderen, was die schwierige Aufgabe beinhaltet, sich mit dem gegengeschlechtlichen Partner und seiner Andersartigkeit identifizieren zu können. Dieses alles wieder ist letztlich festgeschrieben in der Möglichkeit zur Anerkennung der Geschlechts- und Generationsunterschiede, die zu einem „gewachsenen Fels“ in der Realitätserkennung werden (Freud, 1937, 99); wozu das Märchen wohl die Metapher Hochzeit und Ehe benutzt.

Aber zurück zu dem Märchen der klugen Else. Wie Sie sich vielleicht erinnern, schickt die Mutter nach dem Essen die kluge Else in den Keller zum Bierholen. Während Else das Bier einlaufen läßt, schaut sie umher und entdeckt eine Kreuzhacke, die die Maurer aus Versehen in der Wand haben steckenlassen. Das nun veranlaßt die kluge Else zu weinen und aus Leibeskräften zu schreien: „Wenn ich den Hans kriege und wir kriegen ein Kind und das ist groß und wir schicken das Kind in den Keller, daß es hier Bier zapfe, so fällt ihm die Kreuzhacke auf den Kopf und schlägt's tot“; und sie vergißt alles um sich. Die anderen bei Tisch warten auf den Trank und so schickt der Vater nacheinander die Magd, den Knecht und die Frau in den Keller, um zuletzt selbst nachzuschauen, was passiert ist. Als auch er ausbleibt, beschließt schließlich der Bräutigam, ebenfalls im Keller nachzusehen. Er findet sie alle dort unten im Begriff zu weinen und ganz erbärmlich zu jammern. Als er fragt, was für ein Unglück sich ereignet habe, antwortet auch ihm die kluge Else: „Wenn ich den Hans kriege und wir kriegen ein Kind und das ist groß und wir schicken das Kind in den Keller, daß es hier Bier zapfe, so fällt ihm die Kreuzhacke auf den Kopf und schlägt's tot.“ Da entschließt sich der Hans, sie zu heiraten, weil sie so klug ist.

Das kann nicht gut ausgehen und es geht nicht gut aus.

Nach der Hochzeit zeigt sich die kluge Else nicht fähig, ihre tägliche Arbeit auf dem Felde verrichten zu können. Sie fragt sich Tag für Tag: „Was tu ich? Schneid ich eher oder ess ich eher? Ei, ich will erst essen.“ Und darauf: „Was tu ich? Schneid ich eher oder schlaf ich eher? Hei, ich will erst schlafen.“ und schläft bis tief in die Nacht. Als ihr Hans sie so findet, wirft er über die schlafende Else ein Vogelgarn mit kleinen Schellen.

Als Else in der Nacht aufwacht, wird sie durch das bei jeder Bewegung einsetzende Rasseln der Schellen ganz irre und fragt sich, ob sie denn wirklich die kluge Else sei: „Bin ich's oder bin ich's nicht?" Schließlich entschließt sie sich, den Hans zu fragen, ob die Else schon im Haus drinnen sei. Und als Hans diese Frage bejaht, erschrickt sie und spricht: „Ach Gott, dann bin ich's nicht." Und das Märchen endet, daß niemand sie wieder gesehen hat.

Diese Erzählung im ganzen vorgelesen, gilt als eine lustige, eine heitere Geschichte, die auch Kinder gerne hören und man lacht herzlich mit ihnen über die Dummheit der klugen Else; zumal einem das Märchen vordergründig bei der Überzeugung hilft, die Else sei eigentlich nur faul, und alles sei in Ordnung, da man selber ja nun nicht so dumm und so faul ist. Aber eigentlich kann die Geschichte dieses Märchens das Gruseln lehren. Sie führt uns das Schicksal eines psychotischen Mädchens vor Augen, deren angebliche Klugheit darin besteht, übernatürliche Kräfte zu haben, wundersame Dinge wahrzunehmen, Stimmen zu hören und einzig in seinen Projektionen zu leben. Sie besitzt keine Fähigkeiten zu symbolisieren, und auch die Arbeit kann als kein strukturierender Wert genutzt werden. Sie ist ihrer irren Vorstellungswelt ausgeliefert, und als sie mit Hochzeit und Sexualität konfrontiert wird, dekompensiert sie mit der halluzinierten Befürchtung: Wenn alles so kommt, wie sie es möchte, das erwünschte Kind erschlagen wird; was sich wie eine schicksalhafte Antwort auf ihren Kinderwunsch ausnimmt. Schließlich kommt zur Derealisation eine Depersonalisation und die kluge Else weiß nicht mehr, wer sie ist.

Somit verbirgt sich hinter der Oberfläche, die uns so heiter stimmen kann, ein grausames Schicksal, eine tiefe Tragik. Es bleibt die Kunst und das *Rätsel des Märchens,* daß es uns eine solche Geschichte auf eine Art und Weise nahebringen kann, die unser Interesse erregt. Mit dem Rätsel und dem Rätselhaften, lernen wir ein Hauptelement des Märchens kennen. Das Märchen konfrontiert uns unablässig mit symbolischen Ausdrücken und Handlungen deren Bedeutung und Aussage uns verborgen bleibt. Es konfrontiert uns mit offenkundigen Unsinnigkeiten, mit Eulenspiegeleien und der Umkehr des uns Augenscheinlichen und Üblichen. Es benutzt die Unsinnigkeiten als ein Mittel, sich verständlich zu machen, wie z.B. bei der klugen Else, die trotz ihrer absurden Befürchtung immer noch klug genannt und vom Hans geheiratet wird; oder betrachten Sie alleine das Rätsel dieser wunderlichen Befürchtung. Aber nicht nur die seltsamen Handlungen und ungereimten Beschreibungen stellen Rätsel und Geheimnis dar. Das ganze Märchen ist dazu geschaffen, ein Geheimnis zu sein, ein Geheimnis zu beinhalten und ein Rätsel, das gelöst werden will. Diese offenkundigen wie vordergründigen Unsinnigkeiten im Märchen könnten uns wie Torheiten abschrecken, weil sie dem Geist der Verkehrtheit angehören. Sie bekommen jedoch, zu unserem Erstaunen durch das Rätsel, eine tiefere Bedeutung, die uns fasziniert.

Was aber ist ein Rätsel? Es kann als eine Aufforderung verstanden werden, Worten, Vorstellungen und Geschichten einen Sinn zu geben, die erst einmal eines solchen entbehren. Das Rätsel ist also eine Anspielung auf etwas, dessen Sinn uns vorenthalten wird oder sich uns verhüllt. Das Rätsel stellt damit einen Fremdkörper in der Kontinuität des Einsichtigen und Verständlichen dar. Die Bedeutung des Rätsels aber besteht nun darin, daß es Aufgaben stellt, die gelöst werden sollen. So läßt uns das Rätsel des Märchens aktiv werden, veranlaßt uns, Fragen zu stellen. Da wir ihnen aber nicht auf die uns so vertraute Art und Weise der folgerichtigen und schlüssigen Argumentation beikommen, nötigt es uns, darüber hinaus zu assoziieren, d.h. das Unbewußte mit einzubeziehen, das Unbewußte bei der Suche nach dem Sinn zu beteiligen. Und gerade hierin ist ein ganz bedeutender Vorgang zu sehen.

Daß dieser Prozeß auch dann abläuft, wenn er uns nicht bewußt, er zu keiner bewußten Aufgabe wird, und sich im Bereich des Vorbewußten abspielt, ist für manchen schwer einsichtig, uns Analytikern jedoch eine tägliche Erfahrung, z.B. wenn ein Patient uns berichtet, er habe eine Lösung dieser oder jener Schwierigkeiten erträumt; wie man von Kekule, dem Begründer der theoretischen, organischen Chemie berichtet, er habe die Doppelbindungen im Benzolkern erstmals im Traum sichtbar erkannt.

Eine Beschäftigung mit der Rätselhaftigkeit des Märchens wirft auch die Frage auf, ob die *Wirkung des Märchens* von einer wie auch immer gearteten pädagogischen Funktion ausgeht, oder einer tieferen Erfahrung und Einsicht in die Natur innerpsychischen Geschehens, mit der Wirkung eines analytischen Prozesses vergleichbar, gesehen werden kann.

Das Märchen der klugen Else bringt am Ende keine glückliche Lösung und konfrontiert uns mit einem zutiefst tragischen Ausgang. Darin ist es vollkommen untypisch, denn wie Sie alle wissen, ist ein besonderes Kennzeichen des Märchens, sein gutes und glückliches Ende. Ende gut – alles gut, sagen wir.

Ich vermute, daß die kluge Else nur die erste Hälfte eines Märchens ist. Es scheint zu dem Typ von Erzählungen zu gehören, bei dem, wie bei Frau Holle, eine geliebte und eine ungeliebte Tochter vorkommt; wobei die Geliebte und Bewunderte, die eigentlich Häßliche und Faule und hingegen die Ungeliebte und Gehaßte, die Schöne und Fleißige ist. In diesen Märchen, wie z. B. in „Die beiden Mädchen und die Hexe“, wird die Schöne und Fleißige von zu Hause verjagt, damit die Häßliche und Faule die ganze Liebe der Mutter besitzt, alleine verwöhnt werden kann. Als die schöne Tochter in die Welt hinaus geht, trifft sie zuerst auf einen Apfelbaum, dann auf einen lahmen Hund und zuletzt auf einen Backofen, denen sie hilft insofern, als sie den Apfelbaum von Dornen befreit, dem lahmen Hund den Fuß verbindet und den Backofen auf dessen Wunsch schließt.

Zuletzt kommt sie zu einer Hexe, bei der sie Dienstmädchen wird. Ihre Neugierde läßt sie bei Abwesenheit der Hexe in das verbotene 7. Zimmer sehen, wodurch sie von oben bis unten golden wird. Dies hat zur Folge, daß die Hexe sie grausam verfolgt, aber ein alter Mann, der Licht spendet, wie der Apfelbaum, der lahme Hund und der Backofen helfen und es gelingt ihr, wieder nach Hause zu kommen.

Wie Sie erraten, will auch die häßliche Tochter mit so viel Gold beschenkt sein. Sie aber besitzt nicht die Fähigkeit zu helfen, noch kann sie der Hexe als Dienstmädchen dienen. Natürlich schaut auch sie in das 7. Zimmer, wird ganz golden und muß fliehen. Aber auf ihrer Flucht macht der alte Mann finstere Nacht, der Ofen versengt das Kleid, der Hund beißt sie in den Fuß und der Apfelbaum legt seine Dornen ihr über den Weg. Sie fällt in die Hände der Hexe.

Das Märchen endet damit, daß um das schöne Mädchen ein junger König wirbt, der sie heiratet. Die Häßliche aber in den Keller kommt, wo sie ihr Leben fortan fristen muß.

Wir identifizieren uns gerne mit der Schönen und Fleißigen und vergessen die andere, die ihr Schicksal mit dem der klugen Else teilt. Aber wie wir wissen, gehören beide Märchen im Grunde genommen zusammen, sind sozusagen zwei Teile derselben Person. Ein Teil, der den dunklen psychotischen Strebungen einer inzestuösen Mutterverbundenheit angehört, und ein anderer, der sich von der archaischen Mutter-Imago gelöst und eine Wegstrecke durchschritten hat, die ihm Mißgunst der Mutter, Dornen und Mühen sowie Rache und Verfolgung bringt, bevor sie fähig ist, einen schönen Prinzen zu heiraten.

Wenn das Märchen seiner Natur nach einen tragischen Ausgang vermeidet, um am Ende eine glückliche Wendung einzuführen, so mag man an die griechische Tragödie erinnert sein. In ihr trat am Ende eine, mit Hilfe eines Krans, über der Bühne herabgelassene Göttergestalt auf, die einen an sich unlösbaren Konflikt, kraft ihrer göttlichen Macht dennoch löste. Eine solche unerwartete Lösung eines unerwarteten Helfers, eines deus ex machina, kennt das Märchen nicht. Für das Märchen trifft auch nicht zu, was Freud in der Traumdeutung über den König Oedipus schreibt (1900, 268):

> „Die Handlung des Stückes besteht nun in nichts anderem, als in der schrittweise gesteigerten und kunstvoll verzögerten Enthüllung – der Arbeit der Psychoanalyse vergleichbar –, daß Oedipus selbst der Mörder des Laios aber auch der Sohn des Ermordeten und der Jokaste ist. Durch seine unwissentlich verübten Greuel erschüttert, blendet sich Oedipus und verläßt die Heimat."

Auch das Märchen enthüllt, aber auf seine Weise, indem es Rätsel stellt, Andeutungen macht, aber niemals in dem Sinne Klarheit schafft. Es ist unübersehbar, daß es uns in der großen Zahl der Märchen an einer Vorstellungswelt teilhaben läßt, die unserer wissenschaftlichen Begriffssprache gemäß als narzißtisch oder psychotisch zu bezeichnen ist und in der das inzestuöse Moment eine übergroße Rolle spielt.

Diese psychotische Vorstellungswelt kennt aber von Anfang an eine Gegenbewegung, häufig in der Form, daß sich ein drittes Element herausbildet, welches nicht verstrickt ist mit dem Konflikt und der archaischen Thematik, in der das Verschlingen und Verschlungenwerden eine vielfältige Bedeutung erhält. Dieses dritte Element kann plötzlich auftreten, wie das unvorhergesehene Erscheinen des alten Mannes im Märchen „Die zwei Mädchen und die Hexe". Es kann aber auch, wie ich in dem Märchen „Der treue Johannes“ ausführen werde, von langer Hand vorbereitet sein, wie ein roter Faden das Märchen durchlaufen und schon von Anfang an daraufhin angelegt sein, eine hoffnungsvolle, zukunftsträchtige Perspektive einzuführen, die der eigentliche Träger des Sinnes wird, das dem Märchen seine Berechtigung verleiht.

Man hat nicht unrecht mit der Behauptung, daß es das *Märchen an sich* gar nicht gibt. Ein Märchen ist ein Entwurf einer Geschichte um eine oder mehrere imaginäre Figuren, das nur auf sehr individuelle Art und Weise erlebt werden kann. Die Persönlichkeit des Zuhörers oder Lesers, seine Zeit, in der er lebt, der Ort, an dem er sich aufhält, die Gesellschaft, die ihn prägt, bringen es mit sich, daß jedes Märchen äußerst unterschiedlich, manchmal sogar widersprüchlich verstanden werden kann.

So ist es von großem Nutzen, die Arbeit der Märchenforscher ernst zu nehmen, die uns hilft, die Märchen in ihrer historischen Dimension zu sehen: Wie sie entstanden sind, sich in ihrer Besonderheit entwikkelt haben, welchen Einflüssen sie unterlegen sind und wieso sie uns in dieser oder jener endgültigen Fassung vorliegen. Die Märchenforscher wachen oft mit Argusaugen über der Vielfältigkeit des Märchens und stehen einer Deutung tiefer Zusammenhänge nicht immer aufgeschlossen gegenüber; eine Haltung, die sich geradlinig aus ihrer Aufgabe ableitet.

Dieselbe Berechtigung, sich mit Märchen zu befassen, hat der Psychoanalytiker, der die historische Dimension oft nur unzureichend in seine Argumentation einbezieht, weil er das Märchen als Träger einer Aussage und eines Sinnes versteht, der unabhängig von Zeit und Raum ist; ein Sinn, oder ein Sinngebilde, sei wohl betont, das keine Aussagen enthält, die einen absoluten Anspruch beinhalten. Nur wegen der Vermittlung eines Sinnes, können wir uns die geheimnisvolle Tatsache erklären, daß diese realitätsfremden Erzählungen, auch in der heutigen Zeit, eine solche Vertrautheit und Faszination ausüben. Nur so ist es einsichtig, daß die einzelnen Fassungen der Märchen in den verschiedensten Völkern und Kulturen eine verblüffende Ähnlichkeit aufweisen; sei es was die äußere Form, die einzelnen Bauelemente betrifft, sei es was die gesamte Aussage um die tieferen Zusammenhänge angeht.

Märchen haben große Ähnlichkeit mit Mythen, Religionen, Riten, Fabeln, Witzen usw. Und es ist wohl der Traum, eine individuelle Schöpfung des Unbewußten, der als Ursprung aller dieser phantastischen Gebilde angesehen werden kann. Darüber, wie es zum Traum und zu Phantasiebildungen im allgemeinen kommt, schreibt Freud (1908, 216): „Man darf sagen, der Glückliche phantasiert nie, nur der Unbefriedigte. Unbefriedigte Wünsche sind die Triebkräfte der Phantasie, und jede einzelne Phantasie ist eine Wunschregung, eine Korrektur der unbefriedigenden Wirklichkeit." Damit werden alle Phantasiebildungen zu Reaktionen auf Versagungen von fundamentalen Befriedigungsformen. Eine solche Auffassung könnte nahelegen und wäre richtig, wenn der Mensch bei einer hinreichend guten Umwelt und Kinderstube, sich mit einem gebührenden Maß an Glück zufrieden geben würde; wenn es sich hier wie um einen Reiz handelte, der sein Ziel, die Befriedigung sucht und mit ihm erlischt. Mir ist eine andere Definition Freuds (1933, 101) einleuchtender, die besagt: „Die Triebe sind mythische Wesen, großartig in ihrer Unbestimmtheit." Hierin wird nämlich deutlich, daß das Phantasieren, Träumen und überhaupt jede Art von Phantasiegebilde als eine symbolische Ordnung inhärent zu dem Menschsein gehört, naturgegebene, unveränderliche Bedingungen der menschlichen Natur sind, die nicht nur zur Bewältigung der unbefriedigenden Wirklichkeit ihren Sinn erfüllen, sondern dem Leben Reichtum und Sinn verleihen.

Der unendlichen Vielfalt der Ausdrucksformen des Unbewußten, wie wir sie im Märchen vor uns haben, wird durch eine Wissenschaft immer ein gewisser Zwang angelegt. Es wird die Fülle und die Vieldeutigkeit der Vorstellungen einer vereinfachenden Sprache und Begrifflichkeit unterzogen, die gewalttätig anmuten, die sich vor allem verselbständigen kann, was zu unfruchtbaren Zirkelschlüssen Anlaß gibt. Um eine solche Gedankendürre zu vermeiden, erlauben Sie mir, an ein Wort und mit ihm an den großartigen Mut des Physikers Werner Heisenberg (1942, 224) zu erinnern, der schreibt:

„Der ‚statischen' kann nur eine andere Art der Darstellung der Wirklichkeit gegenübergestellt werden, die eben durch das unendlich vielfache Bezogensein der Worte erst ermöglicht wird und die man als ‚dynamisch' bezeichnen kann. In ihr soll der ausgesprochene Gedanke nicht ein möglichst getreues Abbild der Wirklichkeit sein, sondern er soll den Keim zu weiteren Gedankenreihen bilden; nicht auf die Genauigkeit, sondern auf die Fruchtbarkeit der Begriffe kommt es an."

Uns, meine ich, wird es nicht zu schwer fallen, solche Unfruchtbarkeit der Begriffe zu vermeiden, da über Märchen sprechen immer heißt, sich mit der Anschaubarkeit des ursprünglichen Stoffes der Erzählung und mit dem menschlichen Schicksal, dem eigenen sowie dem des anderen, auseinanderzusetzen.

Literatur

Freud, S. (1900): Die Traumdeutung. - Gesammelte Werke, Bd. II/III. Frankfurt: S. Fischer 1942.

Freud, S. (1908): Der Dichter und das Phantasieren. - Gesammelte Werke, Bd. VII. Frankfurt: S. Fischer 1941.

Freud, S. (1933): Neue Folgen der Vorlesungen zur Einführung in die Psychoanalyse. - Gesammelte Werke, Bd. XV. Frankfurt: S. Fischer 1944.

Freud, S. (1937): Die endliche und die unendliche Analyse. - Gesammelte Werke, Bd. XIV. Frankfurt: S. Fischer 1950.

Gmelin, O. F. (1977): Böses aus Kinderbüchern und ein roter Elefant. - Frankfurt: Haag und Herchen.

Heisenberg, W. (1942): Ordnung der Wirklichkeit. - In: Allgemeinverständliche Schriften. Gesammelte Werke, Bd. I. München: Piper 1984.

Märchen von denen ... die sich nicht fürchteten und denen, die auszogen, das Gruseln zu lernen

Ottokar Graf zu Sayn-Wittgenstein (München)

> „Die langjährige Auflehnung vieler Kinder gegen die erzieherischen Weisungen, die Trotzreaktionen und aggressiven Regungen bedeuten nicht nur den Widerstand der Natur gegen die Kultur, sie stellen auch den Bereich dar, in dem sich vielmehr die Geburt der Individualität vollzieht."
> (G. Benedetti)

Im Alter von zweiundneunzig Jahren starb 1979 in Wien der Russe S. K. Pankejeff. Er ging als „Wolfsmann" in die psychoanalytische Literatur ein. Während seiner Psychoanalyse – 1909–1914 – bei S. Freud hat er einen Traum erzählt. Darin saßen sechs oder sieben weiße Wölfe in dem Nußbaum, der vor seinem Fenster stand. Ihm war dazu der Wolf aus einem Märchenbuch eingefallen, mit dem ihn seine etwas ältere Schwester geängstigt hatte, als er noch sehr klein war, und er nahm an, daß dieser Wolf zu dem Märchen vom Rotkäppchen gehört habe. Auf der Zeichnung, die er davon angefertigt hatte, waren dagegen fünf Wölfe in den Ästen des Baums zu erkennen. Daher wohl hat Freud nachgefragt: Wirklich der Wolf des Rotkäppchens? Pankejeff verbesserte sofort: Es war natürlich der Wolf, der die sieben Geißlein gefressen hat.

Freuds (1918) richtiges Gespür – in der „Geschichte einer infantilen Neurose" – hat ihn aber nicht daran gehindert, diese Unterscheidung auch weiter zu beachten. Er schrieb vielmehr, daß beide Märchen „viel Gemeinsames" hätten und kam zu dem Schluß:

„Wenn der Wolf bei meinem Patienten nur der erste Vaterersatz war, so fragt es sich, ob die Märchen vom Wolf, der die Geißlein auffrißt und vom Rotkäppchen etwas anderes als die infantile Angst vor dem Vater zum geheimen Inhalt haben" (a.a.O., 58).

Das war Freuds eigenes Problem. Bekanntlich hat er aus der Sophokleischen Tragödie, seinen Tötungswunsch am Vater und den Vermählungswunsch mit der Mutter, von sich selbst auf die Allgemeingültigkeit eines „Ödipus-Komplexes" geschlossen. Kaum einer, der diesem Schluß nicht folgen konnte, hat bedacht, ob die individuelle Problematik Freuds zwar richtig, aber auf einer anderen Betrachtungsebene liegt, wie die der weltweiten Allgemeinheit.

O. Rank (1947, 276), einer der bedeutendsten Schüler Freuds, hat die „Ähnlichkeit dieser beiden Märchen mit dem Mythos des Kronos" angenommen. Ich verstehe die „Angst-Furcht" vor dem Elter (singular) dahin, daß Angst – in Träumen und Dichtung – in und an der Mutter, Furcht dagegen mehr vor dem Vater erfahren wird.

Die von der Mutter zu bewältigende Angst beschrieb R. M. Rilke (1910, 72f.) in seinen „Aufzeichnungen des Malte Laurids Brigge" eindrucksvoll:

„O Nacht ohne Gegenstände. O stumpfes Fenster hinaus, o sorgsam verschlossene Türen; ... O Stille im Stiegenhaus, Stille aus den Nebenzimmern, Stille hoch oben an der Decke. O Mutter: o du Einzige, die alle diese Stille verstellt hat, einst in der Kindheit. Die sie auf sich nimmt, sagt: erschrick nicht, ich bin es. Die den Mut hat, ganz in der Nacht diese Stille zu sein für das, was sich fürchtet, was verkommt vor Furcht."

C. G. Jung (1952, 760) vertritt – wohl wegen des „es rumpelt und pumpelt in meinem Bauch ..." – die Ansicht, daß der Wolf in den beiden Märchen „ein typischer Verschlinger" sei. Er nehme bei „dem Weltuntergang die mythische Rolle der Schlange analog" ein. In den Märchen wäre dann an die Stelle der Schlange oder des Fischs der Wolf getreten. H.v. Beit (1952, 661) beschrieb in ihrer „Symbolik der Märchen" ebenfalls den „mütterlichen Aspekt".

Ich habe mir überlegt, wen ich danach fragen könnte, welcher der beiden Pioniere wohl recht habe. Da fiel mir ein, daß das sicher das

Rotkäppchen am besten weiß. Die Idee dazu verdanke ich einem zwölfjährigen Mädchen, das in einer Gruppe ihre Fassung von dem Märchen zum besten gab:

„Glücklicherweise kam der *Vater* des Mädchens zufällig gerade in dem Augenblick am Haus der Großmutter vorbei, als das Rotkäppchen gefressen worden war." Sie hat den Jäger des Märchens zum Vater gemacht, und das Rotkäppchen hat den Wolf eindeutig für seine Großmutter gehalten. Bei den sieben Geißlein (1962, II, 247) dagegen zieht der Wolf seine Beute nicht zu sich ins Bett, wie das Rotkäppchen. Er muß zuerst einmal versuchen, in ihr Häuschen zu gelangen. Deshalb frißt er Kreide, „damit seine Stimme fein werde. Er läßt sich vom Bäkker seine schwarzen Pfoten mit Teig weiß machen." Erst „so glaubten sie, es wäre alles wahr, was er sagte, und machten die Türe auf." So gehen Männer bzw. Väter vor.

Freuds anfängliche Vermutung war zutreffend. Seine und die Pauschalierung Jungs waren dagegen durch ihre jeweils anderen Standpunkte und von ihren Projektionen mitbestimmt.

Es gibt Unterschiede zwischen meinem und dem Verständnis anderer Märchenforscher mit philologischer, mythologischer, etymologischer oder sonstig „logischer" Vorbildung. Das ist die Folge davon, daß für mich das analogische Verständnis meiner Klienten, Patienten, Studenten und Seminarteilnehmer bestimmend ist. Es ist daher – im Gegensatz zu den meisten anderen – laienhaft und wenn fachlich, dann psychoanalytisch geprägt. Oft erwies sich, daß jeder von seinem Standpunkt aus, aus seinem Blickwinkel, recht hat. Schließlich besagt das „Wort" einen anderen zu „ver-stehen", daß jeder nur auf seinen eigenen Füßen stehen kann.

Das Verständnis der Märchen kann nur eine Folge „gemäßen Einsehens" sein. Dabei kommt es weniger darauf an, wer recht hat, als vielmehr darauf, welcher Standpunkt sich in dem Wunsch kundtut, so oder so recht behalten zu wollen. Dafür ein Beispiel:

Im Märchen vom Rotkäppchen (1941, I, 277) finden wir die Standpunkte:

1. der ungenügend aufklärenden Mutter – „lauf nicht vom Weg ab, sonst fällst du und zerbrichst das Glas!";

2. der kranken Großmutter – „sie ist krank und schwach ...“;
3. des listigen und
4. des gierigen Wolfs – „du mußt es listig anfangen, damit du beide erschnappst“;
5. den des wachsamen Jägers, der aus dem überlauten Schnarchen, das er hört, als er an dem Haus der Großmutter vorbeikommt, vermutet, „daß ihr etwas fehlt“.

Die mich aufklärende Zwölfjährige hatte mir die Rolle des Jäger-Vaters angeboten. Die anderen Standpunkte „vertrat“ sie selbst; je nachdem, ob sie psychisch noch zuhause – chez soi, von ihrer Mutter erzogen, ob sie, auf dem Weg zu ihrer geliebten Großmutter, gegenüber dem verführenden Wolf gefügig oder vom Wolf gefressen oder schließlich wieder entbunden sich befand.

Das oder die Märchen zeigen verschlungene Wege, die jene gegangen sind, die ausgezogen waren, das Gruseln zu lernen und die ich für besonders geeignet hielt, auf ihnen den Narzißmus zu sublimieren.

Die zu untersuchenden Phänomene gehen bereits eindeutig aus dem Märchen „Gut Karten- und Kegelspiel“ hervor, das die Brüder Grimm (1812, 70) in der „Urfassung“, noch ohne jedes Beiwerk vorgestellt haben. Erst in der erweiterten nächsten Fassung (1819, 17) ist daraus das bekannte Märchen geworden.

„Gut Karten- und Kegelspiel“ beginnt, womit das endgültige Märchen endet: „Ein König ließ bekanntmachen: ‚wer drei Nächte in meinem alten Schloß wacht, soll die Prinzessin zur Gemahlin haben!‘“. Diese war, wie nicht anders zu erwarten, „die schönste Jungfrau auf der Welt.“ Und diese durfte nicht erwarten, daß sie gefragt werde, ob sie damit einverstanden sei.

Da kommt ein junger Bursch. Von ihm ist nur bekannt, daß er „arm von Haus“ ist. Er will – wörtlich – „sein Leben daran wagen, nichts zu verlieren, viel zu gewinnen, was ist da lang zu besinnen?“ So sagt er zu sich selbst. Wer sich nur kurz besinnt, erkennt, daß ihm, wie vielen, die auch wir kennen, das Leben zu wagen, es gar zu verlieren, wie nichts gilt. Das ist ein Element, das Gruseln hervorrufen sollte: Gruseln bei anderen: Ehrgeiz und Würde galt viel, und Leben wurde für nichts geachtet – im sogenannten III. Reich und anderswo.

Dem Burschen gelingt es, drei Nächte in dem Schloß zu verbringen. Dort spielt er Karten mit wüsten Katzen und gewinnt, indem er sie totschmeißt. Er schüppelt Kegel. Dazu hat er sich die Kegel aus menschlichen Totengebeinen und die Kugeln aus Totenköpfen zurecht geschnitzt. Schließlich fährt er noch in einem Bett durch das ganze Schloß. Dabei geht es „drunter und drüber, das unterste zu oberst und er darunter" – wie es wörtlich heißt. So kann er den Bann brechen und das verwünschte Schloß erlösen.

Wünsche und Gegenwünsche, Verwünschungen und gebrochene Banne, sind die Elemente des Spiels. Jedes „Spiel", das Menschen allein oder gegeneinander veranstalten, zeigt bei genauer Betrachtung: die Ambivalenzen zwischen „Liebe und Tod" – wie es Rilke (1906) beschrieben, zwischen Narzißmus und Verwelken – wie es Ovid (vor 17 n. Chr.) in seinen Metamorphosen dargestellt oder zwischen Determination und Indetermination, wie Ödipus es erfahren hat.

Dichtungen sind Verdichtungen von vorgegebenen Tatsachen. Viele Suicide, die als Folge einer Spieler-Leidenschaft bekannt werden, zeigen diese Ambivalenzen.

Eingangs habe ich die Frage aufgeworfen, ob die Allgemeingültigkeit des Konflikts, in den Ödipus verwickelt wurde, vielleicht auf einer anderen Ebene zu suchen sei, als auf der, die Freud bei sich selbst entdeckt hat. Ich nehme, um dieser Frage näher zu kommen, an, daß für ein Kind oder einen jungen Menschen eine Mutter- und Vater-Repräsentanz mehr darstellt, als nur Objekte für Sym- oder Antipathie zu sein. Der Gang nach Delphi, den Ödipus ebenso wie sein Vater antritt, zeigt die Existenz seines Glaubens, determiniert zu sein. Wir Menschen sind von Göttern, von einem Gott, von der „Vorsehung" oder von der Gesellschaft in der wir leben und von unserem „kollektiven Unbewußten", kaum mehr von Instinkten determiniert. Dagegen erwächst unser individueller Wunsch, indeterminiert dem eigenen „Willen zur Macht" folgen zu können. Das ist m.E. die allgemeingültige ödipale Ambivalenz. In dem Märchen von „Gut Karten- und Kegelspiel" ist davon die Rede. Der Bursche darf sich drei Dinge ausbedingen. Er erhält eine Schnitzbank mit Messer, eine Drehbank und Feuer, um sich zu wärmen. Psychologisch gesehen, werden diese drei Dinge dann von ihm verfremdet angewandt. Das Bett, mit dem es zum Schluß drunter und drüber geht, ist bereits in dem Schloß vorhanden.

Als der König am Morgen des nächsten Tages in das Schloß kommt, um zu schauen, wie es dem Burschen geht, sagt dieser: „eine Nacht wär' herum, die zwei werden auch noch herumgehen." Und so geht es auch. Am vierten Tag wird ihm die schöne Königstochter anvertraut. Sie wurde nicht gefragt.

In diesem Märchen ist von dem die Rede, der sich nicht fürchtet. Weder sucht noch findet er das Gruseln. Es bleibt dem Hörer oder Leser überlassen, sich zu gruseln oder nicht.

E. Bloch (1959, 411) schrieb:

> „Sie ziehen aus, ihr Glück zu finden, klug gegen roh. Mut und List sind ihr Schild, ihr Spieß der Verstand. Denn Mut allein hülfe den Schwachen wenig gegen die dicken Herren, er würfe ihnen nicht den Turm zu Boden. Und weiter: „So kann in einem Märchen einer ... ein König werden, ein König ohne Tabu, der den ganzen feindseligen Mutwillen der Großen abserviert hat. Und wo die Welt noch voller Teufel war, widersteht ... der Bursch, der auszog das Fürchten zu lernen, der Angst hat auf der ganzen Linie."

Wir wollen hier nicht weiter phantasieren, wie dieser Bursche, arm von Haus aus, reich wird. Es soll nicht untersucht werden, ob ihm das aus sozialistischer Utopie gelingt oder weil er drei Nächte zur Hölle niedergefahren ist; ob ihm Gnade von oben gewährt oder Belohnung von den aus dem Unten erlösten Seelen geboten wird. Dazu müßten andere Tatsachen gegeben sein. Das ungesuchte oder das gesuchte Gruseln aber ist ungegenständlich, unbegreifbar und un-heimlich.

Die ersten Menschen, von denen erzählt wurde und wird, daß sie das Gruseln gelernt hätten, sind Adam und Eva. Sie sind und waren – in doppelter Wortbedeutung – ausgezogen: das Gruseln zu lernen. Sie gruselten sich, als sie ihr Ausgezogensein erkannten. In ihrem ersten, Augen-Blick des Erkennens, mit dem sie ihre Nacktheit – und damit ihre Unterschiedlichkeit – einsehen, gruselte es sie. Deshalb versuchten sie ihre Blöße zu bedecken und versteckten sich.

Die vielzitierte „Erbsünde" ist „unbiblisch", sie wird aus dem ersten Naschen vom Baum der Erkenntnis postuliert und ist unlogisch, unpsychologisch und anachronistisch. Der Satz Gottes (Gen. 2, 15–17), der dazu herangezogen wird – „Ihr sollt davon nicht essen und nicht daran rühren, sonst müßt ihr sterben" – kann nur als Selbstgespräch des Schöpfers des Himmels und der Erde verstanden werden. Kein Mensch kann Gut von Böse, Gehorsam von Ungehorsam, erlaubt von verboten unterscheiden bevor er nicht grundsätzlich erkennen kann. Und so ist es bis heute geblieben.

Außer diesem Mythos der zweiten Genesis und der Kurzfassung der Brüder Grimm von „Gut Karten- und Kegelspiel", gibt es eine Reihe analoger und diesem widersprechender Märchen, Mythen, Sagen und Dichtungen, die sich mit dem Thema der Todesverachtung oder -verdrängung, mit Todessehnsucht und mit Gruseln, sowie mit der Erlösung von Schlössern und Eingeschlossenen, mit Jungfrauen, verborgenen Schätzen und den verdammten Toten befaßt haben.

Analoges, wie die Legenden über das zeitlose Leben von Adam und Chawwa, Kajin und Habel, erzählen die Sagen von Noach, vor ca. 5700 Jahren, von Abraham, vor 3700 Jahren, von Jakob, dessen Enkel, und von dem verlorenen Sohn im Neuen Testament. Dieser war, wie die meisten Ausziehenden in den Märchen auch, der jüngere Sohn.

Die Märchen fand ich hauptsächlich in den über hundert Bänden der von F. v. d. Leyen (1967) und seinen Nachfolgern bei Diederichs herausgegebenen „Märchen der Weltliteratur". Aus anderen Verlagen stammen einige andere Reihenfolgen, andere Quellenangaben und auch einige andere Märchen.

„Dichtungen und Wahrheiten" zu dem Thema finden wir in den Sagen des Ödipus, des Orest, der Medea; in Geschichten von und über Paulus (1. Jh.), Augustinus (4. Jh.) und „Ganterus", aus der „Legenda aurea" (13. Jh.), im „Urfaust" (16. Jh.), bei Musäus (18. Jh.), Bechstein (19. Jh.), in den „Aufzeichnungen des Malte Laurids Brigge" von Rilke (1911) und in der „vergessenen Geschichte" in M. Bubers 1955 erschienenen „Legende des Baalschen". Umfangreiche Fassungen des Grundthemas werden in „Tausend und einer Nacht", z. B. in „Allah ed Dhin und die Wunderlampe" (9. Jh.), in Dantes „Göttlicher Kommödie" (13. Jh.), im „Urfaust" (16. Jh.), den Goethe zu seinem Thema gemacht hat, und in Grimmelshausens „Simplizius Simplizissimus" (17. Jh.) beschrieben. Die wohl umfangreichste Geschichte mit all den Elementen, die auch in den Märchen auftauchen, dürfte D. Defoes „Robinson Crusoe" (16.–17. Jh.) sein. Michel Tournier (1967) hat sie philosophisch kommentiert und H. G. Konsalik (1972/73) hat - mit der Bemerkung „Es gibt keinen Robinson mehr“ in „Wer stirbt schon gerne unter Palmen ...“ daraus einen Bestseller gemacht.

In drei eigenen Büchern - „Der Mensch vor der Entscheidung (1957), „Märchen-Träume-Schicksale“ (1965, 3. Aufl. 1981) und „sagen-hören-sehen“ (1975/78, neu 1984) habe ich bereits diesbezüglichen Zusammenhängen nachgespürt.

Kommentatoren, die mir halfen, waren: Hedwig v. Beit, Bruno Bettelheim, Verena Kast, Helmut Remmler und Walter Scherf.

W. Scherf (1982, 270) hat darauf hingewiesen, daß „die Erzählung von dem Jungen, der das Fürchten lernen wollte, noch keine überzeugende Gesamtdarstellung erfahren“ habe.“

Bettelheim (1980, 254) weist auf die Notwendigkeit hin, bis drei zu zählen:

> „Drei“, schreibt er, „ist eine mystische und heilige Zahl. Sie war es schon lange vor der christlichen Lehre von der Dreieinigkeit ...“.

Zu dem hier besprochenen Märchen schreibt er (a. a. O. 328):

> „Es gibt Märchen, die davon erzählen, daß es notwendig ist, daß man sich fürchten kann.“ In einigen davon erkenne „der Held schon von Anfang an, daß diese Unfähigkeit, sich zu fürchten ein Mangel ist.“

Dabei kommentiert Bettelheim hauptsächlich das Märchen „von dem der auszog“, der das Gruseln im Ehebett lernt.

Remmler (1984) hat sich den „Königssohn, der sich vor nichts fürchtet“ vorgenommen. Das ist das 41., dem 40. Märchen der Brüder Grimm „von dem der auszog ...“ folgende Märchen.

Darin stellt Remmler das Wort einer Predigt, die er als Sechsundzwanzigjähriger gehört hat: „Mit vierzig fängt das Leben an“ - in Frage. Er fragt seine Leser, ob es sich dabei nicht wieder um „solche unverantwortlichen, leeren Versprechungen für Älterwerdende“ handle. Goethe (1829) der sich noch als Sechsundsiebzigjähriger in seinen Gesprächen mit Eckermann „eine wiederholte Pubertät“ zugebilligt hat, könnte Remmler darauf vielleicht eine Antwort geben. Der Analytiker müßte, bevor er antwortet, wissen, wie alt der Prediger war, daß ihm gerade dieses Thema abzuhandeln notwendig erschien.

Ein Märchen aus Israel (1976, 149ff.) stellt die Grundsatz-Frage: „Was ist Angst?“ Es erzählt von einem jungen Fischer, der immer dann, wenn er hungrig war, einen lebenden Fisch in der Pfanne briet. Dabei „sprang der arme Fisch in der Pfanne nur so herum!“ Die Frau des Fischers „wurde schier krank vor Angst“. Er aber fragt: „Was ist Angst?“. Er zieht in die Stadt und fragt dort. Die Leute, die er fragt, lachen ihn aus und schicken ihn auf den Friedhof. Er geht dorthin und findet „einen guten Platz zwischen zwei Gräbern und bereitet sich sein Nachtmahl. Eine Hand ohne Körper entreißt ihm ein Ei. Er brät sich ein neues und husch ist es wieder weg. Beim dritten Mal bindet er die körperlose Hand fest und „steckt sie in einen Sack“. Am nächsten Morgen ist die Hand verschwunden. In einer anderen Stadt prügelt er sich mit Dämonen und zuletzt schreiben Zeitungen über ihn. – Das Ende der Geschichte liest sich wie eine Persiflage oder wie ein Schwank: Bei einem Essen mit allen Offizieren und Ministern sitzt jeder der Geladenen vor einem zugedeckten Teller. Als die Glocke erscholl, hoben alle ihre Deckel auf und aus dem Teller des Burschen flog eine Taube auf – und weg war sie. – „Jetzt habe ich aber Angst“, rief der Bursche.

Jeder der dieses Märchen vernimmt, kann nun spekulieren: Wer oder was ist die Taube. Er weiß es ebenso wenig, wie der junge Fischer. Was Angst ist, hätte er erfahren, wenn er die Angst seiner Frau verspürt hätte, die sich mit dem sterbenden Fisch in der Pfanne identifizieren konnte.

Frau Kast (1982) hat das isländische Märchen ausgewählt, um daran den Weg „aus Angst und Symbiose“ zu zeigen. Es trägt fast den gleichen Titel wie das Märchen, das Herr Remmler vorgestellt hat. Lediglich ist hier aus dem Königssohn wieder ein „Bursch“ geworden.

In Island wird nur von einem Jungen erzählt. Er wird als „keck“ bezeichnet. Bei Grimm ist, wie bei den meisten anderen Märchen mit dem Grusel-Thema, von zwei Söhnen die Rede, von denen „der älteste klug und gescheit, der jüngste aber dumm“ ist. Die unterschiedliche Bedeutung, die Deutsche und Franzosen dem Wort „brav“ beimessen, läßt verstehen, was damit zum Ausdruck kommen soll. Was für die einen – z.B. in Deutschland die Eltern – „artig, folgsam und lieb“ ist, ist für die anderen – z.B. in Frankreich pubertierende Jungen – „keck, mutig und tapfer“. Beides in einem läßt auf eine Ambivalenz zwischen Pro-

und Regressions-Tendenzen schließen. Dem kecken Burschen war, wie dem, der gut kartelte und kegelte „vor nichts bange". Die Geschwisterrivalität, auf die Bettelheim hingewiesen hat, fehlt in Island. Wie bei den Brüdern Grimm wird auch dieser Bursch zum Pfarrer gebracht, den seine Eltern „für besonders geeignet halten, etwas aus ihm zu machen und ihm Furcht beizubringen". Er sollte „brav" werden – in deutschem Sprachverständnis. Das mißlingt. Versuchen wir die Gedankengänge der Eltern zu verstehen. Angst und Furcht werden oft synonym verwendet. „Angst" hat der Mensch um sich und um das, was ihm besonders „am Herzen liegt". Im Bild zu bleiben: das Kind im Mutterleib liegt „am Herzen". Furcht dagegen hat der Mensch vor dem, was ihm bevorsteht. Wer das nachempfinden kann, wird auch den dritten Begriff orten, der sich im „Gruseln" mit den beiden anderen vereint: die „Ehrfurcht". Wer dabei nur an die Ehre Gottes denkt oder an eine unheimliche Transzendenz, für den ist wirklich ein Pfarrer zuständig.

Der isländische Bursche befreit zwar kein Schloß – wie der dumme Jüngere bei den Brüdern Grimm – sondern nur einen Hof von einem Gespenst. Die Leute dort sagten ihm, „seit dem Tod des Bischofs sei es hier nicht mehr geheuer". Aus dem Bischof ist demnach ein Ungeheuer geworden. Als es dunkel wurde, verließen die Leute den Hof. Der Bursch blieb und machte es sich gemütlich. Er aß reichlich, denn „es war alles im Überfluß vorhanden." Als der Bursch alles im Topfe hatte, hörte er eine Stimme: „Darf ich fallen?" – „Warum nicht?" – antwortete er. Da fiel der obere Teil eines Mannes aus dem Schornstein. Dann kam die Stimme wieder und der mittlere Teil des Mannes folgte. Zum dritten Mal kam die fragende Stimme und der Rest des dreiteiligen Mannes fiel herunter. Die Stücke setzten sich, wie von Geisterhand gerückt, zusammen. Es wurde ein fürchterlich großer Mann daraus. Er richtete sich auf und ging zu einer großen Kiste. Die schloß er auf, nahm eine Hand voll Gold nach der anderen heraus und warf es hinter sich auf den Boden. Er warf solange bis die Kiste leer war. Danach griff er in den Haufen Goldes und warf alles über seinen Kopf wieder zurück in die Kiste.

Das erscheint als eindrucksvolles Bild eines Wiederholungszwanges. Der Bursch fühlt sich bedroht. Er nimmt die Drohung an und ringt mit dem Fürchterlichen „bis zum Anbruch der Morgenröte" – wie einst Jakob an der Furt des Jabbok (I. Mos. 32, 25). Dabei gelang es ihm, den Mann mit dem Kopf in dem Augenblick über die Türschwelle zu werfen, als das erste Tageslicht in seine Augen fallen mußte. Dadurch sank das Unwesen „in zwei Teilen rechts und links von der Schwelle in die Erde hinab und verschwand." So hat er den Ungeist des unseligen Bischofs unter die Erde gebracht. Er kann weiterziehen. Für ihn findet sich keine Braut. Die wichtige Erkenntnis, von der Bettelheim (1980, 329) schreibt, „daß der Held solange unfähig ist, Furcht zu empfinden" und daher „noch nicht reif zu heiraten" sei, findet hier ihre Bestätigung.

Der Bursch gelangt zu einer Höhle. Darin stehen zwölf Betten. Sie sind ungemacht. Deshalb „ging er daran, alle Betten zu machen." Das läßt sowohl an die Goldmarie denken, die es bei der Frau Holle ebenso tat, wie an das Schneewittchen bei den sieben Zwergen.

Als die Höhlenbewohner heimkommen, verwundern sie sich darüber, daß irgendeiner (wörtlich) „ihnen den Dienst erwiesen habe, ihre Betten zu machen. Darüber verdiene er ihren Dank." Die zwölf Männer mußten „früh bei Sonnenaufgang täglich die Höhle verlassen, sonst kämen ihre Feinde … Aber nun verhalte es sich so," daß sie zwar jeden Tag ihre Feinde besiegen würden, aber „des Morgens die Feinde immer wieder von neuem lebendig und noch wilder und böser seien, denn je zuvor."

In diesem Märchen bleibt unbekannt, wer die Feinde sind. In einem fast völlig gleichen Märchen aus Mallorca dagegen werden die Feinde als „Mauren" bezeichnet und der, in dessen Auftrag hier die Höhlenbewohner – dort zwei Riesen – kämpfen, ist ein christlicher König. Davon sind hier die „zwölf" geblieben, die stellvertretend für die Jünger Jesu stehen. Sie repräsentieren das Gute. Wäre das Märchen ein Traum, müßte der Träumer sich einfallen lassen, was für ihn das Böse ist, das jeden Morgen ebenso lebendig vor ihm steht und das es zu bewältigen gilt. Fast jeder unter uns könnte daran denken, was er sich nach dem Ablauf von zwölf Monaten schon oft vorgenommen hat, in dem kommenden Neuen Jahr nie mehr zu tun, und was er ebenso oft, in den ersten Stunden des Silvester aus „guter, alter Gewohnheit" bereits wieder gemacht hat. Für die Sieben-Tage-Woche gilt das Gleiche.

Der Bursch im Märchen will das Rätsel dieser Auferstehung des Bösen, das Wieder-lebendig-werden der Feinde oder – mit Freud zu sprechen - dieses Wiederholungszwanges lösen. Er „überlegte wie es zugehen könne, daß die Feinde der Höhlenmänner nachts wieder lebendig würden." So zieht er mit ihnen hinaus in den Kampf. Abends kehrt er aber nicht mit ihnen heim. Er bleibt auf der Kampfstätte. Da sieht „er bei Tagesgrauen, wie ein Hügel nicht weit vom Kampfplatz" sich auftut und „daraus eine Frau" hervorkommt. Sie hat „einen blauen Mantel an" und trägt „in der Hand eine Büchse."

Wieder taucht Frau Holle mit ihrem „Doppelaspekt" auf, von dem H.v. Beit (1952, Bd. I, 669) schreibt. In den Märchen aus anderen Ländern und auch aus uns bekannten Versionen, taucht sie dann als Madonna - die Güte in Person - oder als des Teufels Großmutter auf.

Der Bursch gibt ihr den Todesstreich und nimmt ihr die Büchse ab. Dann probiert er, ob es auch ihm gelingt, die Toten wieder lebendig zu machen. Jedem Toten, dem er „mit der Hand etwas aus der Büchse auf das Halsende am Rumpf und auf das Halsende am Kopf" streicht und dann „den Kopf auf den Leib setzt", der lebt wieder. „... nun vergnügte er sich damit, die Gefallenen abwechselnd wieder lebendig zu machen und zu töten." - Für mich ist das die Devise, die es den Menschen erlaubte, das Wort Heraklits, daß der Krieg der Vater aller Dinge sei, bis zum heutigen Tage mißzuverstehen. Kriege werden dazu als ein natürlicher Aderlaß der Menschheit mißverstanden. Anschließend wird dann Reklame gemacht, mehr Kinder in die Welt zu setzen, damit für den nächsten Krieg wieder genügend Menschen da sind, um zu fallen usw. usw. usw.

Als die Höhlenbewohner am Morgen auf das Schlachtfeld zurückkommen, verwundern sie sich, daß „alle Feinde tot und bewegungslos da lagen". Der Bursch erzählt ihnen, was er erfahren hat. Jetzt wollen auch sie probieren „wie es mit dem Sterben sei" - so wörtlich in dem Märchen.

Das eigentliche Interesse, das sie haben, wird nicht erwähnt. Es geht aber aus ihrem Handeln hervor. Sie wollen - in eigenstem Interesse - weniger wissen, wie es mit dem Sterben, als vielmehr wie es mit der Auferstehung ist. „So hatten sie einmal", erzählt das Märchen weiter, „auch dem Burschen den Kopf abgehauen und diesen dann verkehrt mit dem Gesicht nach dem Rücken und den Hinterkopf nach vorn wieder aufgesetzt. Wie nun der Bursch sein Hinterteil sah, da wurde er plötzlich wie wahnsinnig vor Grauen und bat sie um alles in der Welt, ihn von dieser Qual wieder zu erlösen ..." Da „hieben sie ihm den Kopf von neuem ab und setzten ihn wieder richtig auf. Da kamen ihm Vernunft und Besinnung wieder, und es gibt von da ab keine Geschichten mehr über ihn."

So endet dieses Märchen, über das psychotherapeutisch Arbeitende nachdenken sollten. Daher hat Frau Kast diese Fassung gewählt. Es geschieht nicht selten, daß den Patienten zwar der Kopf zurechtgerückt werden soll. Ebenso oft wird er dann bei dieser aufregenden Arbeit, aus Versehen, so verkehrt wieder aufgesetzt, daß er nach Beendigung der Behandlung nur noch aus seiner Rückwärtsschau Neues zu finden sucht. Frau Kast hat das Titelbild ihres Buches m. E. sehr behutsam gewählt. Es stellt einen männlichen Hinterkopf vor, auf dem – fast zärtlich – eine stützende Hand liegt.

Drei Interpreten der Märchen erlauben uns, drei Strukturen bei denen zu unterscheiden, die auszogen, ihre Furchtlosigkeit zu zeigen oder das Fürchten zu lernen.

Manche Helden ziehen aus, um sich und anderen zu beweisen, daß sie weder Tod noch Teufel, weder den Pfarrer noch Ungeister, weder das helle Licht, das alles an den Tag bringt, noch die Dunkelheit, die alles verbirgt, scheuen – ähnlich dem „Königssohn, der sich nicht fürchtet".

Andere lassen sich aus Mutwillen ihren Kopf abschlagen und wieder aufsetzen, weil sie verbindlich an eine Auferstehung glauben. Im Märchen wird ihm der Kopf verdreht, wodurch er das Gruseln erfährt. Sein Kopf muß ihm wieder zurechtgerückt werden. Davon berichtet Frau Kast. Sie nimmt an, daß „Angst zu haben menschlich sei". – Dieser Annahme schließe ich mich voll und ganz an.

Manche Helden erfahren das Gruseln im Bett. So hat es Bettelheim beschrieben. Viele erträumen es sich. Andere erleben es zwischen Schlaf und Wachen. Die psychoanalytische Praxis lehrt uns, daß es auch „Helden" gibt, die es vollbewußt im Bett erfahren: Bettelheim schreibt (1980, 329):

> „Seine Frau lehrt es ihn eines Nachts, als sie ihm die Decke wegzieht und einen Eimer mit kaltem Wasser voller Gründlinge über ihn herschüttet. Als die kleinen Fische um ihn herumzappeln, ruft er: ‚Ach, was gruselt mir, was gruselt mir, liebe Frau! Ja, nun weiß ich, was gruseln ist!'"

W. Scherf (1982, 267) hält das Märchen von „Gut Karten- und Kegelspiel" „möglicherweise" für eine „schwankhafte Ableitung des Märchens von dem Auszug des verkannten Sohnes", wie es in dem Märchen „Die drei Sprachen" (1982) erzählt werde. Das mag sein. „Drei Sprachen" weisen m. E. aber mehr auf das aus dem Mosaischen Dekalog eliminierte II. Gebot, als auf das in unserem Märchen gemeinte Gruseln hin. Im Märchen sind es die Sprache der Frösche, die der Hunde und die der Tauben – als Botschaften – aus dem Wasser unter der Erde, von der Erde und aus dem Himmel. Das II. Gebot des Dekalogs (II. Mos. 20,4) verbietet, sich ein Bild oder Abbild Gottes zu machen, „weder von dem was oben im Himmel, noch von dem was unten auf der Erde, noch von dem, was im Wasser unterhalb der Erde ist."

Nach Scherf (1982, 269) läßt die Königstochter in der Endfassung – ich zitiere – „ihr Kammermädchen den Jungen mit einem Guß kalten Wassers voll glitschiger Fische aufwecken ...".

Der Text von Grimm (1962, 185) ist eindeutig klar. Dort steht geschrieben:

„... ward das Gold herauf gebracht und die Hochzeit gefeiert, aber der junge König, so lieb er seine Gemahlin hatte und so vergnügt er war, sagte doch immer ‚wenn mir nur gruselte', ‚wenn mir nur gruselte'. Das verdroß sie endlich."

M. a. W. trotz Liebe und Zuneigung fehlt ihm etwas. Jeder Psychotherapeut kennt diese Aussage, auch wenn dabei nicht immer von Gruseln die Rede ist. Es wird meist anders umschrieben oder benannt. Verdrießlich ist das Erlebnis von Überdrüssigem, Langweiligem und des Lästig-findens. – In dem Märchen heißt es weiter:

„Ihr Kammermädchen sprach ‚ich will Hilfe schaffen, das Gruseln soll er schon lernen'. Sie ging zum Bach ... und ließ sich einen ganzen Eimer voll Gründlinge holen. Nachts, als der junge König schlief, mußte seine Gemahlin ihm die Decke wegziehen und den Eimer über ihn herschütten ...".

Seine Frau belehrt ihn. Sie kann das, nachdem sie belehrt worden ist. Davor ist sie ebenso ahnungslos wie er. Das Kammermädchen dagegen kennt sich aus – etwa im Sinn von Buschs „frommer Helene": „Doch jeder Jüngling hat wohl mal, 'n Hang fürs Küchenpersonal". Andererseits muß ihm seine Frau den kalten Erguß auf den Leib schütten. Hätte das das Kammermädchen gemacht, wäre der Hang des Jünglings vielleicht bei diesem Mädchen geblieben und er hätte seine Gemahlin nicht mehr ganz so lieb haben können.

Da ich unter anderem die Sublimierung des Narzißmus zu behandeln habe – „Überwindung" ist lediglich die deutsche Bezeichnung dafür –, muß auch dieser Begriff entwickelt werden. Von Freud (1914, 138) wissen wir, daß er den Ausdruck „narzissismus" über Sadger von P. Näcke übernommen hat. Näcke hatte diese Definition für jenes „Verhalten gewählt ..., bei welchem ein Individuum den eigenen Leib in ähnlicher Weise behandelt, wie sonst den eines Sexualobjekts ...". Sadger fand diesen Zug besonders bei Homosexuellen.

Seit Kohuts (1973) „Narzißmus", Grunbergers (1976) „Vom Narzißmus zum Objekt", Th. Ziehes (1975) „Pubertät und Narzißmus" und Igor Carusos (1976) „Narzißmus und Sozialisation" haben sich viele Autoren mit dem Narzißmus befaßt, den Freud 1914 in die Psychoanalyse eingeführt hat. Dabei hat er (1933, 141) „der Weiblichkeit ein höheres Maß von Narzißmus" zugeschrieben, „das ihre Objektwahl beeinflußt". Als Motiv für diese, seine Annahme gab Freud an: „... daß geliebt zu werden dem Weib ein stärkeres Bedürfnis ist, als zu lieben." So kann nur ein Mann schreiben, der seine eigene diesbezügliche Bedürftigkeit verdrängt.

Die vielfältige Benützung des Ausdrucks – „Narzißmus" – hat mich veranlaßt, der Bedeutung des furchtlosen Helden auf den Grund zu kommen. Dazu habe ich die Sage, wie sie Ovid in seinen „Metamorphosen" berichtet, als Grundierung genützt. Narkissos ist ein Mann, der von Knaben und Mädchen gleichermaßen geliebt wird. Gewichtig ist für mich die Aussage, die Ovid seinem Helden in den Mund legt. Die Nymphe Echo möchte, durch ein Mißverständnis animiert, den Narziß umarmen. Da weist er sie mit den erschreckenden Worten zurück: „Lieber sterben als in Liebe vereint." Das ist m. E. die typische narzißtische Reaktion. Sie zeigt einen Menschen, der weder andere noch sich selbst lieben kann. Narkissos ist ein Mensch, der zu lieben unfähig ist.

Ovid gibt seinen Lesern auch eine psychologische Begründung für diese Reaktion; eine Begründung, der wir auch heute so oder ähnlich in der Praxis begegnen. Narkissos war nach Ovid das Produkt einer Vergewaltigung: Dadurch war die Zuneigung seiner Mutter zu ihm, von Anfang ihrer Schwangerschaft an, irritiert oder reduziert.

Der Glasbildhauer Erich Eisch hat mich belehrt (1984), daß ein narzißtischer Mensch sich nur so sehen kann, wie seine Mutter ihn gesehen hat. Daher kann Narkissos sein Leben nicht akzeptieren. Sein Verwelken als Narzisse, dem Vergehen einer Blume gleich, bringt seine ambivalente Suicidierung zum Ausdruck.

Wenn ich hier von der Überwindung oder der Sublimierung des Narzißmus spreche, denke ich an die Empfindung dieses Verwelkens, an diese Unfähigkeit, menschliche Beziehungen zuzulassen oder gar zur Erfüllung zu bringen. Sein Gegenpart, die Echo, mußte ihn mißverstehen. Er rief ihr zu: „Wir wollen uns vereinen!“ Sie konnte das nur soweit wahrnehmen, wie sie es selbst ausdrücken konnte – wie jedes Echo bis heute; die letzten Silben des Anrufers zu wiederholen: „vereinen, vereinen“.

Narkissos ähnelt den Helden, die sich vor nichts fürchten. Der Liebe weichen sie aus. Jeder Psychotherapeut kennt solche „Helden“. Sie sind von ihrem – analytisch zu verstehenden – „Widerstand“ geprägt. W. Scherf (1982, 269) betont zurecht, daß die Märchen von diesen Furchtlosen, die „angeblich erstrebenswerte Fähigkeit, das Gruseln lernen zu wollen“ nicht einsehbar machen.

Zu diesen Märchen gehört unter anderen das von dem „tapferen Hans'l“ (1958) aus Kärnten (Donauland), das christlich verfremdet und in Mundart erzählt wird. Der Hans'l und sein Bruder werden auch zum Pfarrer gebracht, um brav zu werden, wie jener. Der versucht es mit einem Teufelsg'wand, das er dem Vater anzuziehen empfiehlt. Der Hans'l ersticht ihn – ein ödipaler Exorzißmus.

Auf dem Geisterg'schloß erlöst er drei unselig verstorbene Pfleger, die die Gelder ihrer Mündel unterschlagen haben. Ihm werden „drei große Geldhaufen“ überlassen, einer aus Kupfer, einer aus Silber und einer aus Gold, die er – den ersten den Armen – zurückgeben, vom zweiten eine Kirche bauen solle, den goldenen schließlich selbst behalten könne.

Aus Lothringen kommt der „dumme Hans“ (1961, 10), der einen Drachen mit sieben Köpfen bewältigt und das Märchen „Die Rosenstadt“ (1923), in dem es dem Geschwisterpaar gelingt Tote in geweihte Erde bestatten zu lassen.

Aus der Schweiz stammt „Die Geisterküche", aus Österreich der „Jüngl" und in Polen („Das Gruseln", 1971) wird wieder von zwei Burschen erzählt, von denen es dem Jüngeren gelingt, ein Gespenst zu erlösen.

Auf Mallorca wird das Märchen von dem „Peter ohne Furcht" (1968, 154) erzählt. Er ist Sohn einer Witwe, „hübsch, aufgeweckt und gesund". Als er seine Mutter bat, ausziehen zu dürfen, um „dahinter zu kommen, was Furcht ist" - wie einst Parzival seine Mutter, Herzeloide, bedrängt hat - gab sie schließlich nach. Sie legte ihm „nur eins ans Herz": daß er dort, wo die Sonne sich zur Ruhe legt, einhalten und an dieser Stelle die Nacht verbringen solle. Die erste Nacht verbringt er, wie der Dumme in der Grimm'schen Fassung, unter Erhängten. Diese sind aber, im Gegensatz zu dort, noch nicht ganz tot. Daher gelingt dem Peter, was dem Dummen nicht gelang, die tot Scheinenden wieder lebendig zu machen. Er wird reichlich dafür belohnt. Das Thema dieses Märchens ist von Anfang an: die Frage nach einer Auferstehung.

Peter wandert und wandert. Als wieder einmal die Sonne untergeht, erblickt er einen Baum, der viele, viele Zweige trägt, und er sagt: Wir wollen unter ihm die Nacht verbringen. Beachten wir dieses „wir". Dabei denkt er an die Mutter und an sein Versprechen, das er ihr gegeben hat.

Als er sich dem Baum nähert, sieht er über sich drei Gehängte. Er schneidet sie ab - wie in dem Grimm'schen Märchen -, aber im Gegensatz zu dort, waren es hier keine „Rabenvögl", sondern drei reiche Herren, die in die Hände eines Widersachers gefallen waren. Der hat „aus ihnen drei Anhänger für jenen Baum gemacht", heißt es wörtlich. Diese drei waren noch nicht ganz tot. Er brachte sie ins Leben zurück und sie belohnten den Peter für seine gute Tat, die sie auferstehen ließ.

Er zieht weiter und gelangt zu einem Gutshof, in dem es spukt. „Sofort nach Einbruch der Nacht, Gestampfe, Geschrei, Gestöhn, Heulen, Brüllen und Ächzen wie Donner vom Himmel ertönt." So erzählen ihm die Knechte des Hofes. Sie seien „allesamt keine Freunde der Furcht und fliehen wie der Teufel das Kreuz". Das läßt wieder einmal an die drei Tage und Nächte denken, „niedergefahren zur Hölle". Die Auferstehung erhofften sich Gläubige, sie läßt Ängstliche fürchten und gibt Depressiven Mut, Erlösung aus ihrer irdischen Hölle zu finden.

Das Gutshaus ist verdammt, wie das des Bischofs in Island. In der Nacht geht es tatsächlich teuflisch zu, aber Peter ist „bei all dem die Furcht nicht gekommen." Schließlich gelangt er – wie der Held des isländischen Märchens – zu „drei Riesen", die für den christlichen König gegen die Mauren kämpfen müssen. Sie ziehen jeden Morgen neu los. Erst spät in der Nacht kommen sie nach Haus.

Psychoanalytisch verstanden ist die Alternativ-Benennung: christlich contra Mauren (oder Sarazenen) eine Zeitangabe. Es ist bekannt, daß die Mauren, Mohren oder Mohamedaner 711 von Afrika aus nach Spanien vorgedrungen waren. Erst 1492 hat ihre Herrschaft ein Ende gefunden. Ab diesem Jahr wird bekanntlich von einer „Neuzeit" gesprochen. Bei genauerer Betrachtung hat diese bis heute noch nicht ohne eine Fülle von Atavismen begonnen.

Peter kommt mit den Riesen auf das Schlachtfeld und bleibt, wie in dem isländischen Märchen, dort über Nacht. Er hatte es doch seiner Mutter versprochen. Er baut sich aus den gefallenen Gegnern eine Hütte. Nachts sieht er die Alte, die wir schon kennen. Am Morgen erzählt er den Riesen, was er erfahren hat. Sie schlagen ihm hier ebenso wie dort den Kopf ab und setzen ihn verkehrt wieder auf. Das Märchen endet mit seinen Worten: „Es hat mich einiges gekostet, aber ich habe herausgefunden, was Furcht ist, was sie wie nichts anderes erregt: ein Mensch mit nach hinten gerichtetem Gesicht!"

Das Märchen zeigt, daß sich manche Ambivalenz aus gläubiger Alternative ergibt, daß Anachronismen dazu beitragen, verrückt zu werden und daß mancher „Widerstand" daher rührt, wenn zu plötzlich oder zu intensiv der Blick in die Vergangenheit gefordert wird.

Auf die Frage, die das Märchen aus Israel (1976, 149) stellt: „Wer hat Angst?" findet ein Märchen aus Dänemark (1964): „Der Prinz ohne Angst", die m. E. gültigste Antwort. In ihm finden die Elemente aller drei genannten Märchen-Strukturen zu einer Symphonie zusammen.

Der namenlose Prinz, mit dem sich Hörer und Leser identifizieren können, „war ein tollkühner, wilder Bursche", den sein Vater oft strafte; aber davon wurde es nicht besser. Er hatte einen Bruder. Der „war still und ordentlich, nett und sittsam in seinem ganzen Wesen" – wie der

Bruder des „verlorenen Sohnes". Von ihm dachte Rilkes Malte (1982, 227):

> „Man wird mich schwer davon überzeugen, daß die Geschichte des verlorenen Sohnes nicht die Legende dessen ist, der nicht geliebt werden wollte. Da er ein Kind, liebten ihn alle … Er wuchs heran …".

Der Tollkühne, ohne Angst, zog in die Welt, nachdem sein Vater eingesehen hatte, daß mit seinen pädagogischen Maßnahmen nichts zu erreichen war. Er rüstete seinen Sohn „mit einem schönen Pferd, Sattel und dem Geld aus, das er für die Reise benötigte und dann begleiteten ihn sein Vater, der Bruder und viele Ritter und Minister ein Stück des Weges und gaben ihm das Geleit." So heißt es wörtlich. – Sie gaben ihm das „letzte Geleit", können wir mitdenken. – Kurz nachdem verläßt er die Seinen, weil ihn „das Gefolge langweilte". Er sprengt mit seinem Pferd in den Fjord, an dem sie entlang geritten waren, gelangt aber nur bis in die Mitte des Fjords, da „war die Strömung zu stark und er verlor sein Pferd. Weil er aber ein guter Schwimmer war, hatte er Glück und erreichte das gegenüberliegende Ufer." –

Ich habe diesen Teil fast wortgetreu nacherzählt, weil darin zu erkennen ist, daß – wie in den Träumen von Klienten – jedes Wort seine Bedeutung hat. Hier wird von einem Sterben berichtet, zu dem Goethe in seinem West-östlichen Diwan geschrieben hat: „und solang du das nicht hast: dieses, stirb und werde". Ein großgezogener Jüngling stürzt sich in die Fluten des Lebens, um als Erwachsener das andere Ufer zu erreichen.

Er gelangt in einen „großen, dichten, wilden Wald und darin" an eine Bauernhütte. Dort findet er einen alten Mann und eine alte Frau, die sehr arm sind. Sie hatten „nichts, womit sie ihm hätten helfen können." – Das ist sein neuer Anfang. Wie Buddha, hat er das elterliche Schloß mit all seinem Überfluß verlassen, um sich in völliges Neuland zu begeben. Er findet *nichts* vor.

Auf seine Frage, ob es denn nicht irgendwo ein Haus oder einen Hof gäbe, erwidern die beiden Alten, daß es außer einem alten Schloß nichts gäbe. Dort wohnten zwei Riesen. Diese seien tagsüber stets im Krieg und kämen nur jede Nacht nach Hause. Sie müssen „Tag für Tag mit hundert Mann kämpfen", bis jeden Abend „alle erschlagen sind". Das kennen wir aus den bereits genannten Märchen.

Das Märchen setzt, wie das aus Mallorca fort. Doch hier sind „die Feinde" auch nicht benannt. Jeder Leser darf sie, aus seinem Alltag, mit den Namen benennen, die er aus seinem riesenhaften Alltagsstreß kennt, den er Tag für Tag „erledigen" muß, bis er sich in der Nacht wieder stärkt für den nächsten Tag.

Der Prinz ohne Angst begleitet die Riesen zum Kampfplatz und schlägt sich tapfer. Am Abend bleibt er zurück und baut sich einen Turm aus den Toten – „immer zehn bis zwölf Stück in einer Schicht quer über die anderen, bis er sie alle aufgestapelt hat." Hier steigt „ein uraltes Weib aus einem kleinen Brunnen und hat eine Büchse mit einer Art Salbe in der Hand." Der Prinz hinter ihr her, „schafft es, daß er ihr den Kopf abschlägt, indem sie gerade den Brunnen erreicht; der Körper verschwindet im Brunnen, aber der Kopf bleibt am Brunnenrand liegen." Als die Riesen am Morgen kommen, ist ihre Arbeit getan. Sie freuen sich, denn sie haben viele Jahre gekämpft. Sie gruben ein großes Grab, in dem sie alle Toten begruben. Die Riesen schenken ihm ein gutes Pferd mit Sattel – und der zweite Akt kann beginnen. Im Märchen beginnt ein neues Sonnenjahr: „Es war gegen die Weihnachtszeit". Er reitet weiter. Noch ist er ohne Angst. –

Der Prinz stößt auf einen Hofstaat, der unterwegs ist, weil „der König mit seinem ganzen Hofe von dem Schlosse, in dem er wohnte, in ein anderes Schloß umziehen" mußte, „weil auf dem alten Schloß ein solcher Spuk herrschte, daß sich kein Mensch dort aufhalten" konnte. – Die Szene des Grimm'schen Märchens taucht auf. – „Du wirst es mit der Angst zu tun bekommen", sagt dieser König, ebenso wie im ersten Akt sein Vater.

Statt Schnitz- und Drehbank, bittet er hier darum, daß zwei Männer ihm „Gefolgschaft leisten, um ihn zu unterhalten und um Holz für das Feuer im Kamin zu holen." Zwei Gefangene sitzen auf Lebenszeit auf dem Hof. Sie werden ihm mitgegeben.

Sie sind zu dritt und wie in der Grimm'schen Fassung fallen in der Nacht Menschenteile aus dem Schornstein; ein großer Schenkel und ein gestiefeltes Bein, ein zweiter Schenkel, ein zweites Bein und schließlich „der übrige Teil einer großen korpulenten Mannsperson."

Die Teile verbinden sich zu einem Ganzen und das kann sprechen: „Ich war früher einmal König hier und habe drei Kästen voller Gold hinterlassen. ... In der einen Kiste sind die Steuern von Kindern armer Leute, von der Geburt bis zu ihrem zwölften Lebensjahr; ... Auch in der zweiten Kiste sind unrechtmäßige Steuern; (die entsprechende Deklaration fehlt); „die dritte Kiste enthält rechtmäßige Steuern."

Die Pfleger in dem Märchen aus Kärnten haben präzisere Auskunft gegeben. Der Prinz folgt dem Gespenst bis zu dem Versteck, wo es verschwindet „in einem gewaltigen Feuer und Dampf", was uns wohl sagen soll: er fährt zur Hölle.

Als der König am Morgen nach ihm schauen will, berichtet er alles und übergibt ihm die Kisten. Dafür bietet ihm der König das halbe Königreich und eine seiner drei Töchter an. Der Prinz dankt und zieht weiter, denn „er hatte immer noch nicht die Angst gefunden." Der zweite Akt ist zu Ende.

Er kommt in eine große Stadt. „Dort waren alle Leute schwarz gekleidet. Auf seine Frage wird ihm berichtet: „Schon seit Jahren trägt es sich hier zu, daß ein Drache vom Jüngsten bis zum Ältesten ein Kind fordert ... und nun trifft es sich, daß der Tochter des Königs dieses jammervolle Schicksal widerfährt." Das ist der dritte König, eine dritte Vatergestalt, die sich nicht helfen kann, die dem Prinzen begegnet, der an der Schwelle seines Erwachsenseins steht.

Keiner außer ihm hat den Mut, den Versuch zu wagen, die Prinzessin zu retten. Er allein traut sich. Nur er verfügt über die Büchse mit der Lebenssalbe der jetzt kopflosen Frau aus dem Brunnen. Da heißt es, Sören, der Hofkutscher ihres Vaters, habe verlauten lassen, daß er helfen wolle, aber als es so weit war, ist er verschwunden. Der Prinz sagt der Prinzessin: sie solle sich mit der Salbe fleißig ihre Brust bestreichen ... dann habe der Drache keine Gewalt über sie. Der Drache kommt. Er will, aber kann die Prinzessin nicht verschlingen. Dem Prinzen gelingt es, ihn zu erschlagen. Die Szene erinnert an die Überwindung der Sphinx durch Ödipus.

Der Prinz ist schlau. Er schneidet dem Drachen, der neun Köpfe hatte, „alle neun Zungen heraus". Dann tritt er zurück und Sören drängt sich vor. Er schneidet dem Drachen die neun Köpfe ab und droht der Prinzessin mit dem Tod, wenn sie nicht bestätige, „daß er der Sieger sei“.

Es folgt das übliche Verwirrspiel. Wir kennen es ebenso aus vielen Märchen, wie aus unserer Alltagspraxis. Es geht um den richtigen oder falschen Prinzen, um die falsche oder die richtige Braut, um den *wahren oder* den *vorgeschobenen* Patienten. – Hier: Ende gut – alles gut.

Der tapfere Prinz kann mit den Drachenzungen, die er herausgeschnitten hat, beweisen, daß Sören ein Betrüger ist. Und so bekommt der Prinz seine Prinzessin, die Prinzessin ihren Retter.

Nach einer Zeit möchte er seine Eltern besuchen. Es wird ihm erlaubt, aber seine junge Frau will ihn unbedingt begleiten. Da ergibt sich neue Gefahr für das Paar. Er hat sich anscheinend noch nicht völlig aus dem Vaterhaus entbunden.

Die beiden lassen sich in einem schönen Wald nieder. Der Wald, in dem der Prinz zu Beginn seines Auszugs das arme alte Paar getroffen hatte, hat sich verändert. Statt der beiden Alten, lagern sich jetzt zwei Junge; „... und während sie so dasaßen, schlief der Prinz ein und legte seinen Kopf an ihre Brust“. Er legt seinen Kopf dorthin, wo sie sich auf seinen Rat hin mit der Lebenssalbe eingerieben hatte. Und „da träumt er, daß der Drache käme, um ihm die Prinzessin zu entreißen. Er springt entsetzt auf und greift so fest nach ihr, daß er sie beinahe erstickt hätte. Dabei rief er: „Nun bin ich viele Meilen in der Welt umhergezogen, um es mit der Angst zu tun zu kriegen, ohne sie zu finden ... Mir träumte der Drache wollte dich verschlingen und jetzt kann ich der Wahrheit getreu sagen, daß mir nie so angst und bange war. Jetzt fahren wir nach Hause.“ Die beiden fahren. Sie fahren zu sich – chez soi. Zu seinen Eltern, wohin er vor dem Traum noch wollte, senden sie einen Boten, „denn“, heißt es, „er war ja nicht ausgezogen, um seine Eltern zu besuchen, sondern um der Angst willen“, und diese hat er nun erlebt.

Der Prinz ist – i. S. Bettelheims – fähig geworden, „Furcht zu empfinden“. Er ist „reif zu heiraten“. Mit der Überwindung des Drachens hat er seine Vergangenheit bewältigt – anders als der berühmte Sigfrid, der sich durch das Blut des Drachens glaubt schützen zu können und schließlich durch die Mannentreue Hagens und die dumme Arglosigkeit seiner Gemahlin ermordet wird.

Das Märchen aus Mallorca befaßt sich, wie wir hörten, mit der Wiederbelebung von Toten. Nach dem berühmten Satz Goethes von dem „stirb und werde“ gibt es nicht nur eine Auferstehung nach dem Tod.

In dem dänischen Märchen stürzt sich der großgezogene Jüngling in die Fluten des Lebens, um das andere Ufer eines Erwachsenen zu erreichen. Er ist ausgezogen, „um der Angst willen“ und nicht, um seine Eltern wieder zu besuchen. Daher ist hier von einer pubertären Auferstehung die Rede: erwachsen zu sein und nicht mehr wie ein Kind reagieren zu müssen.

Literatur

Beith, H. v. (1952): Symbolik des Märchens, Band I. – Bern: A. Franke.

Benedetti, C. (1964): Klinische Psychotherapie. – Bern: H. Huber.

Benedetti, C. (1983): Todeslandschaften der Seele. – Göttingen: Vandenhoeck & Ruprecht.

Bettelheim, B. (1980): Kinder brauchen Märchen. – München: Deutscher Taschenbuch Verlag.

Bettelheim, B. (1982): Die symbolischen Wunden. – Frankfurt: Fischer.

Bettelheim, B. (1984): Die Geburt des Selbst. – Frankfurt: Fischer.

Bloch, E. (1959): Das Prinzip Hoffnung. – Frankfurt: Suhrkamp.

Bloch, E. (1971): Subjekt – Objekt. – Frankfurt: Suhrkamp.

Buber, M. (1947): Das dialogische Leben. – Zürich: Gregor Müller.

Buber, M. (1960): Das Wort, das gesprochen wird. – In: Wort und Wirklichkeit. München: Oldenburg.

Buber, M. (1965): Urdistanz und Beziehung. – Heidelberg: Lambert Schneider.

Buber, M. (1973): Das dialogische Prinzip. – Heidelberg: Lambert Schneider.

Caruso, I. (1976): Narzißmus und Sozialisation. – Stuttgart: Bonz.

Cervantes, M. D. (1547–1616): Don Quijote. – Darmstadt: Wissenschaftliche Buchgesellschaft 1966.

Chodowiecki, O. (1936): Leben und Taten des weisen Junkers Don Quixote de la Mancha. – Bremen: Schünemann.

Dante, A. (1265–1321): Die göttliche Komödie – Zitiert nach der Ausgabe: München: Droemer 1952.

Defoe, D. (1719): Robinson Crusoe. – Darmstadt: Wissenschaftliche Buchgesellschaft 1966.

Faustus, D. J. (1587): Historia von D. Johann Faustus. – In: Benz, R. (Ed.): Deutsche Volksbücher. Heidelberg: Deutsche Verlagsgesellschaft Lambert Schneider, 523 ff.

Freud, S. (1914): Zur Einführung des Narzißmus. – Gesammelte Werke, Band X. London: Imago Publishing 1940, 138.

Freud, S. (1918): Aus der Geschichte einer infantilen Neurose. – Gesammelte Werke, Band XII. London: Imago Publishing 1947, 27–157.

Freud, S. (1933): Die Weiblichkeit. – In: Neue Folge der Vorlesungen zur Einführung in die Psychoanalyse. Gesammelte Werke, Band XV. London: Imago Publishing 1940, 119–145.

Goethe, J. W. v. (1829): Gespräche mit Eckermann. – Berlin-O.: Aufbau-Verlag 1955.

Grimm, J. u. W. (1812, Urfassung): Kinder – u. Hausmärchen, herausgegeben von F. Panzer. – Wiesbaden: Vollmer.

Grimm, J. u. W. (1819): Kinder- und Hausmärchen der Brüder Grimm. Nach der zweiten vermehrten und verbesserten Auflage von 1819. Hrsg. v. H. Rölleke. – Köln: E. Diederichs 1982.

Grimmelshausen, Ch. v. (1671): Der abenteuerliche Simplicissimus. – Leizpig: Insel 1908.

Grunberger, B. (1976): Vom Narzißmus zum Objekt. – Frankfurt: Suhrkamp.

Jung, C. G. (1952): Symbole der Wandlung. – Zürich: Rascher.

Karlinger, F. (1983): Grundzüge einer Geschichte des Märchens im deutschen Sprachraum. – Darmstadt: Wissenschaftliche Buchgesellschaft.

Kast, V. (1982): Wege aus Angst und Symbiose. – Olten: Walter.

Kernberg, O. F. (1978): Borderline – Störungen und pathologischer Narzißmus. – Frankfurt: Suhrkamp.

Kohut, H. (1973): Narzißmus. – Frankfurt: Suhrkamp.

Konsalik, H. (1972/73): Wer stirbt schon gern unter Palmen. – Bergisch Gladbach: Bastei-Lübbe 1985.

Leyen, F. v. d. (1964): Das deutsche Märchen. – In: Märchen der Weltliteratur – Ergänzungsband. Köln: E. Diederichs.

Ovid (Publius Ovidius Naso) (vor 17 n. Chr.): Metamorphosen. – Lib. III, V. 316–392. München: Heimeran 1968.

Rank, O. (1947): Das Inzestmotiv in Dichtung und Sage. – Darmstadt: Wissenschaftliche Buchgesellschaft.

Remmler, H. (1984): Der Königssohn, der sich vor nichts fürchtet. – Zürich: Kreuzverlag.

Rilke, R. M. (1906): Die Weise von Liebe und Tod des Cornet Christoph Rilke. – Leipzig: Insel.

Rilke, R. M. (1910): Die Aufzeichnungen des Malte Laurids Brigge. – Frankfurt: Suhrkamp 1982.

Scherf, W. (1982): Lexikon der Zaubermärchen. – Stuttgart: Kröner.

Tournier, M. (1967): Freitag oder im Schloß des Pazifik. – Hamburg: Hoffmann und Campe.

Wachtelborn, U. (ca. 1900): Das Gruseln. - In: Der tiefere Sinn im Volksmärchen. Leizpig: Theosophische Centralbuchhandlung.
Wittgenstein, O. G. (1957): Der Mensch vor der Entscheidung. - Berlin: Lüttke.
Wittgenstein, O. G. (1965): Märchen - Träume - Schicksale. - Düsseldorf - Köln: E. Diederichs.
Wittgenstein, O. G. (1975): sagen - hören - sehen. - Frankfurt: S. Fischer 1984.
Ziehe, Th. (1975): Pubertät und Narzißmus. - Frankfurt: Europäische Verlags-Anstalt.

Märchen-Quellen

Wo nichts anderes erwähnt wird, sind alle Märchen erschienen in: Märchen der Weltliteratur. Jena (bis 1945), Köln-Düsseldorf (seit 1945): E. Diederichs.

Abu Mohammed der Faulpelz. - In: Tausendund einer Nacht. Erzählungen aus tausendundeiner Nacht, Bd. III, 299-315. Wiesbaden: Insel 1953.
Die drei Sprachen. - In: Kinder- und Hausmärchen der Brüder Grimm (1819), Bd. I, 122.
Der dumme Hans. - In: Lothringer Volksmärchen. 1961, 10-14.
Die Geisterküche. - In: Schweizer Volksmärchen. 1971, 18.
Das Gruseln. - In: Wachtelborn, U. (ca. 1900): Der tiefere Sinn im Volksmärchen. Leizpig: Theosophische Centralbuchhandlung.
Das Gruseln. - In: Polnische Märchen. 1971, 36-42.
Gut Karten- und Kegelspiel. - In: Grimm, J. und. W. (1812): Kinder- und Hausmärchen. Wiesbaden: Vollmer, 70.
Der Hans, der das Fürchten gelernt. - In: Österreichische Märchen. 1967, 67-72.
Der Jüngl, der sich nicht gefürchtet. - In: Österreichische Märchen. 1979, 73-76.
Der Königssohn, der sich vor nichts fürchtet. - In: Kinder- und Hausmärchen der Brüder Grimm, Bd. I 1942, 195.
Märchen von einem, der auszog, das Fürchten zu lernen. - In: Grimms Kinder- und Hausmärchen. 1942, 186-194.
Peter ohne Furcht. - In: Märchen aus Mallorka. 1968, 154-174.
Der Prinz ohne Angst. - In: Dänische Volksmärchen. 1964, 195-213.
Die Rosenstadt. - In: Französische Märchen, Bd. II. 1923, 56.
Rotkäppchen. - In: Kinder- und Hausmärchen der Brüder Grimm. 1941, 277-284.
Der tapfere Hansl. - In: Märchen aus dem Donauland, Kärnten. 1958, 118-125.
Von dem Burschen, der sich vor nichts fürchtet. - In: Isländische Märchen. 1923, 226-235.
Wer hat Angst? - In: Märchen aus Israel. 1976, 149-151.
Der Wolf und die sieben Geißlein. - In: Kinder- und Hausmärchen der Brüder Grimm, Bd. II. 1962, 247.

Wandel eines Märchens Am Beispiel „Schneewittchen“

Peter Dettmering (Hamburg)

I.

In den Textvorläufern des Schneewittchen-Märchens, wie man sie bei Heinz Rölleke in der „Ältesten Märchensammlung der Brüder Grimm“ nachlesen kann, stößt man auf eine archaischere Gestalt dieses Märchens, die mehr mit heftiger Bewegung als mit statischen Bildern arbeitet. In einer dieser Varianten geht der Wunsch nach dem Kind nicht von der in ihrem Fensterrahmen sitzenden Königin, sondern von einem im Wagen oder Schlitten daherjagenden „Grafen“ aus, der – entgegen dem Wunsch der dazugehörigen „Gräfin“ – das am Wege stehende, gleichsam von seinem Wunsch erschaffene Schneewittchen oder Schneeweißchen auf die Fahrt mitnimmt:

> Es war einmal ein Graf und eine Gräfin, die fuhren zusammen, und fuhren an drei Haufen weißem Schnee vorbei, da sprach der Graf: ich wünschte mir ein Mägdelein, so weiß wie dieser Schnee. Sie fuhren weiter und kamen an drei Gruben voll rothen Blutes, da wünschte der Graf und sprach: hätte ich ein Mädchen, mit so rothen Wangen, als dieses Blut! Bald darauf flogen drei kohlschwarze Raben vorüber und der Graf wünschte wiederum ein Mädchen mit so schwarzem Haar, wie diese Raben. Zu allerletzt aber begegnete ihnen ein Mädchen, so weiß wie Schnee (...), so roth wie Blut und schwarz wie Raben, und dies war Schneeweißchen. Der Graf ließ es sogleich in die Kutsche sitzen, aber die Gräfin hatte es nicht gern. Und die Gräfin wußte sich nicht zu helfen und ließ endlich ihren Handschuh zum Schlag hinaus fallen und befahl dem Schneeweißchen solchen aufzuheben. – Wie es nun ausgestiegen war, so rollte der Wagen in größter Geschwindigkeit fort. (...) (Rölleke, 1975, 383)

Vergleicht man die beiden Märchenanfänge miteinander, so fühlt man sich an eine Bemerkung Sigmund Freuds erinnert, daß sich nämlich hinter der scheinbaren Statik einer Szene – dem ruhigen Dasitzen der Königin in ihrem Fensterrahmen – in Wahrheit „heftigste Bewegung“ (Freud, 1918, 61) verbergen kann.

Das trifft erstens auf die Fahrt als solche zu, zum andern aber auch auf den dramatischen Konflikt der beiden im Wagen befindlichen Personen mit ihren konträren Einstellungen gegenüber dem am Wege stehenden Mädchen. Leidenschaftlicher Wunsch des Mannes und eifersüchtige Gegeneinstellung der Frau beeinflussen das Tempo der Fahrt und setzen sich unmittelbar in visuelle Eindrücke um, die jedoch nichts von einem „Lebenden Bild“ an sich haben. Diese Textvariante mündet dann ein in die geläufige Märchengestalt, derzufolge das ausgesetzte Schneewittchen zu den Zwergen kommt, aber auch hier noch weiter von der eifersüchtigen Mutterfigur bedrängt wird. Offensichtlich ist es das Schicksal der Protagonistin, bereits mit ihrem ersten Auftauchen – in den späteren Textfassungen ist es ihre Geburt – einen unlösbaren Konflikt zwischen zwei Elternfiguren heraufzubeschwören, weshalb das Märchen in der von Jacob Grimm aufgezeichneten handschriftlichen Fassung von 1808 noch den Alternativ-Titel „Unglückskind“ trägt. (Rölleke, 1975, 244.)

Diese Fassung beginnt bereits mit der uns vertrauten Szene der am Fenster sitzenden und nähenden Mutter, die sich das aus den drei Farbqualitäten zusammengesetzte Kind wünscht; nur daß dieses Kind dann den Fehler begeht, im Aufwachsen immer schöner zu werden und die Mutter – offensichtlich auch in der Vorstellung des Königs – in den Schatten zu stellen:

> … Darüber konte es die Frau Königin nicht mehr leiden, weil sie die schönste im Reich wollte seyn. Wie nun der Herr König einmal in den Krieg verreist war, so ließ sie ihren Wagen anspannen und befahl in einen weiten dunklen Wald zu fahren, und nahm das Schneeweißchen mit. In demselben Wald aber standen viel gar schöne rothe Rosen. Als sie nun mit ihrem Töchterlein daselbst angekommen war, so sprach sie zu ihm: ach Schneeweißchen steig doch aus und brich mir von den schönen Rosen ab! Und sobald (…) es diesen Befehl zu gehorchen aus dem Wagen gegangen war, fuhren die Räder in größter Schnelligkeit fort, aber die Frau Königin hatte alles so befohlen, weil sie hoffte, daß es die wilden Thiere bald verzehren sollten. (A. a. O., 381.)

Es ist also in dieser handschriftlichen Urfassung keineswegs ein „narzißtisches“, sondern ein handfestes Zurücksetzungstrauma, das die Königin dazu treibt, ihre Tochter auszusetzen. In seiner ursprünglichen Form erzählt das Märchen eine um Inzest und Aussetzung kreisende Geschichte, die derjenigen des Ödipus analog ist und nicht einmal das Motiv des zu Schaden kommenden dritten Teils vermissen läßt: die Königin, die sich durch Schneewittchen aus der Beziehung verdrängt fühlt und aus diesem Grunde zum Mittel der Aussetzung greift, kommt in sämtlichen Fassungen des Märchens schließlich zu Tode. Der Titel „Unglückskind" läßt sich daher auch so verstehen, daß nicht nur Schneewittchen durch den Konflikt ihrer Eltern unglücklich wird, sondern daß sie auch durch ihr Dasein für andere Unglück bringt; nur daß das Märchen seiner Natur nach eine tragische Lösung vermeidet, Schneewittchen wieder zum Leben erweckt und den Tod der Königin als Strafe darstellt.

Es ist aufschlußreich, daß in der handschriftlichen Urfassung von 1808 die Wiedergutmachung vom heimkehrenden, Schneewittchen im Sarg vorfindenden Vater ausgeht:

> ... Eines Tages kehrte der König, Schneeweißchens Vater, in sein Reich zurück und mußte durch denselben Wald gehen, wo die 7 Zwerge wohnten. Als er nun den Sarg und deßen Inschrift wahr nahm, so empfing er große Traurigkeit über den Tod seiner geliebten Tochter. Er hatte aber in seinem Gefolg sehr erfahrene Artzte bei sich, die baten sich den Leichnam von den Zwergen aus, nahmen ihn und machten ein Seil an 4 Ecken des Zimmers fest und Schneeweißchen wurde wieder lebendig. Darauf zogen sie alle nach Haus, Schneeweißchen wurde an (...) einen schönen Prinzen vermählt, und auf der Hochzeit wurden ein Paar Pantoffel im Feuer geglüht, welche die Königin anziehen und sich darin zu todt tantzen mußte. (A. a. O., 383.)

In der ersten von den Brüdern Grimm herausgegebenen Druckfassung des Märchens – der sogenannten „Urfassung" von 1812 – wird die Figur des Vaters dann bereits ausgespart und dafür die des Prinzen mit mehr Gewicht ausgestattet; die Wiedererweckung geht aber nicht vom Prinzen, sondern von einem der Diener aus, die damit beauftragt werden, das scheintote Mädchen von einem Zimmer des Schlosses ins andere zu tragen. Die Beziehung des Prinzen zu Schneewittchen besteht zu einem Bild vom Objekt, nicht zum Objekt selbst. In diese erstarrte Szene wird durch die ungeduldige Bewegung des Dieners – einer dritten Person im Sinne Michael Balints (Balint, 1970) – Leben gebracht:

Die Diener aber, die beständig den Sarg herumtragen mußten, waren bös darüber, und einer machte einmal den Sarg auf, hob Schneewittchen in die Höh und sagte: „um so eines todten Mädchens willen werden wir den ganzen Tag geplagt", und gab ihm mit der Hand einen Stumpf in den Rücken. Da fuhr ihm der garstige Apfelgrütz, den es abgebissen hatte, aus dem Hals, und da war Schneewittchen wieder lebendig. Da ging es hin zu dem Prinzen, der wußte gar nicht, was er vor Freuden thun sollte, als sein liebes Schneewittchen lebendig war, und sie setzten sich zusammen an die Tafel und aßen in Freuden. (Grimm, 1812/1814 (1985, 162–3).)

Das Märchen hält also selbst noch in den späteren Fassungen an der dritten Person fest, die durch ihr Verhalten die Ereignisse auf der Zwei-Personen-Ebene kommentiert und kritisiert. Da ist der Jäger, der Schneewittchen umbringen soll, ihr jedoch das Leben erhält; der die absolute Wahrheit sprechende Spiegel (in dessen Wahrhaftigkeit sich zugleich noch etwas von der Rücksichtslosigkeit jenes daherjagenden „Grafen" wiederfindet); der mit dem Herumtragen des toten Mädchens geplagte Diener; nicht zu vergessen die Zwerge, die man in ihrer Gesamtheit als schützende prägenitale Mutterfigur und einzeln als Miniaturformen des Männlichen auffassen kann. Trotz der Konzentration des späteren Märchentextes auf den Ambivalenzkonflikt von Mutter und Tochter bleibt also die ursprüngliche ödipale Struktur des Konflikts noch erkennbar – und es erscheint in diesem Zusammenhang aufschlußreich, daß das Schneewittchen-Märchen in der modernen Literatur oft da „zitiert" wird, wo von der Erfahrung auswegloser Ambivalenz her nach einer sinnstiftenden dritten Person gefragt wird. Rilkes vierte Duineser Elegie zitiert zwar nur indirekt, aber der „Gröps von einem schönen Apfel", der als Metapher für den Kindertod verwendet wird, weist auf „Schneewittchen" zurück: das im Scheintod erstarrte lyrische Ich erwartet – in Analogie zum „Unglückskind" – vom Vater eine Anteilnahme an seinem Schicksal, wenn nicht eine emotionale Wiedererweckung. (Rilke, 1950) Auch in Robert Walsers „Schneewittchen"-Dramolett von 1902 geht es um die Suche nach der dritten Person, die jedoch immer wieder von dem übermächtigen Primärobjekt vereinnahmt und gewissermaßen verschlungen wird. Um dieser Gefahr entgegenzuwirken, haben bereits die Brüder Grimm die Figur der Königin in eine gute (sich das Kind wünschende) und eine böse (das Kind aussetzende) Mutter aufgespalten; dabei konnten sie sich auf Texte wie Runges Märchen vom Machandelbaum berufen, in dem die Mutter ebenso plötzlich als mißgünstige, grausame Stiefmutter in Erscheinung tritt.

II.

Ich komme jetzt in einem zweiten Teil meines Aufsatzes auf eine Reihe von Dichtungen zu sprechen, in denen das „Schneewittchen"-Motiv mehr oder weniger deutlich anklingt - bis hin zum offenen Zitat. Dazu gehören überraschenderweise auch Goethes „Wahlverwandtschaften" - entstanden zu einer Zeit, in der das Märchen von Schneewittchen noch nicht offiziell aufgezeichnet war. Das Liebespaar darin - Eduard und Ottilie - ähnelt dem Liebespaar des Märchens so auffallend, daß man fast daraus den Schluß ziehen möchte, Goethe habe das Märchen aus mündlicher Überlieferung gekannt. Auch der Eduard Goethes will nicht zulassen, daß Ottilie - die übrigens seit geraumer Zeit alle Nahrung „mit Abscheu" von sich gewiesen hat - nach ihrem Tode beigesetzt wird; ich zitiere:

> Stufenweise gelang es, Eduarden der heftigsten Verzweiflung zu entreißen, aber nur zu seinem Unglück; denn es ward ihm deutlich, es ward ihm gewiß, daß er das Glück seines Lebens für immer verloren habe. Man wagte es ihm vorzustellen, daß Ottilie in jener Kapelle beigesetzt, noch immer unter den Lebendigen gehalten und einer freundlichen stillen Wohnung nicht entbehren würde. Es fiel schwer seine Einwilligung zu erhalten, und nur unter der Bedingung, daß sie im offenen Sarge hinausgetragen und in dem Gewölbe allenfalls nur mit einem Glasdeckel zugedeckt und eine immerbrennende Lampe gestiftet werden sollte, ließ er sich's zuletzt gefallen und schien sich in alles ergeben zu haben. (Goethe, 1809 (1972, 329).)

Analog zum Märchen wird auch bei Goethe Ottilies Zustand zwischen Tod und Schlaf in der Schwebe gelassen: „Der fortdauernd schöne, mehr schlaf- als totenähnliche Zustand zog mehrere Menschen herbei". Auch berichtet die Nachtwache am Sarg haltende Nanny davon, „wie Ottilie sich aufgerichtet, sie gesegnet, ihr verziehen, und sie dadurch für immer beruhigt habe" (ebd., 242). Genau wie in der Urfassung des Märchens herrscht auch in der Kapelle, in der Ottilie aufgebahrt worden ist, ein magisches Licht, das diesen Zwischenzustand zwischen Tod und Leben noch unterstreicht. Allerdings geht Goethe darin über das Märchen hinaus, daß er auch den Gegensatz von Sommer und Winter, belebter und „toter" Jahreszeit mit einbezieht:

> Man kleidete den holden Körper in jenen Schmuck, den sie sich selber vorbereitet hatte; man setzte ihr einen Kranz von Asternblumen auf das Haupt, die wie traurige Gestirne ahnungsvoll glänzten. Die Bahre, die Kirche, die Kapelle zu schmücken, wurden alle Gärten ihres Schmucks beraubt. Sie lagen verödet, als wenn bereits der Winter alle Freude aus den Beeten weggetilgt hätte. (A.a.O., 139.)

Goethes „Zitat" des Schneewittchen-Märchens scheint Jacob Grimms Auffassung recht zu geben, daß diesem Märchen ein Mythos zugrundeläge, auf den auch Goethes Text zurückgreift. Gleichzeitig hat sich gegenüber dem Märchentext einiges Entscheidende verändert; so ist beispielsweise deutlich, daß Eduards Verhältnis zu Ottilie genitale Züge fast gänzlich vermissen läßt. Es genügt Eduard, Ottilie in seiner Nähe zu wissen, sie jederzeit anschauen zu können:

> ... ward sie den Männern, wie von Anfang so immer mehr, daß wir es nur mit dem rechten Namen nennen, ein wahrer Augentrost. Denn wenn der Smaragd durch seine herrliche Farbe dem Gesicht wohltut, ja sogar einige Heilkraft an diesem edlen Sinn ausübt, so wirkt die menschliche Schönheit noch mit weit größerer Gewalt auf den äußern und innern Sinn. Wer sie erblickt, den kann nichts Übles anwehen; er fühlt sich mit sich selbst und mit der Welt in Übereinstimmung. (ebd., 49)

„Schönheit ist überall ein gar willkommener Gast", heißt es kurz vorher im Text. Schönheit ist hier auf den ersten Blick die von Sigmund Freud hervorgehobene Übereinstimmung eines naiven Wesens mit sich selbst, (Freud, 1914, 155) der von Goethe „Heilkraft" zugetraut wird: kaum ist Ottilie tot, sind die Gärten „ihres Schmucks beraubt" und liegen „verödet". Offenbar hat Schönheit im Kontext der „Wahlverwandtschaften" Abwehrbedeutung, soll die Vorstellung von depressiver Auflösung und Verödung hintanhalten. Ich zitiere aus Melanie Kleins Arbeit „Zur Genese der manisch-depressiven Zustände" von 1928:

> Die Vorstellung von der Vollkommenheit ist (...) deshalb so zwingend, weil sie die von der Zerstörung so gut widerlegt. Bei einigen Patienten, die sich in Haß und Ablehnung von ihrer Mutter abgewendet hatte, fand ich, daß trotzdem in ihren Gedanken ein schönes Bild der Mutter existierte, das aber nur als ein Bild von ihr und nicht als sie selbst empfunden wurde. Das reale Objekt wurde als nicht anziehend betrachtet – in einer tieferen Schicht als eine beschädigte, unheilbare und darum gefürchtete Person. Das „schöne Bild" war von dem realen Objekt abgelöst, aber

niemals aufgegeben worden und spielte bei den spezifischen Sublimierungen dieser Patienten eine große Rolle. Es scheint demnach, daß der Wunsch nach Vollkommenheit verwurzelt ist in der depressiven Angst vor Auflösung, die dadurch für alle Sublimierungen von großer Bedeutung ist. (Klein, 1928 (1962, 53).)

Versteht man Eduards Beziehung zu Ottilie in dieser Weise als Ausdruck seiner Abwehr der „depressiven Angst vor Auflösung", stellen sich die wichtigsten Beziehungen in Goethes Roman folgendermaßen dar. Eduard unterhält zum Weiblichen zwei unterschiedliche Beziehungen und Beziehungsformen, von denen die Aufrechterhaltung seines seelischen Gleichgewichtes abhängt. Bekanntlich fordert Eduard von den beiden Frauen, sie müßten auch während seiner Abwesenheit unverändert zusammenbleiben – was sich nur so verstehen läßt, daß sich in der Vorstellung eines unzertrennlichen Mutter-Tochter-Paares (Charlotte und Ottilie stehen ja zueinander im Verhältnis von Mutter und Tochter) etwas spiegelt von den komplizierten Verhältnissen im Innern Eduards. Die verschiedenen Persönlichkeitsteile, die in den beiden Beziehungen zum Ausdruck kommen, lassen sich deuten als vertikale Spaltung im Sinne Kohuts oder auch als Polarisierung von libidinösem und antilibidinösem Ich, wie sie Fairbairn beschrieben hat (Kohut 1973, 29 und Fairbairn, 1952): Ottilies antilibidinöse Züge liegen ja in ihrer Nahrungsverweigerung offen zu tage. Was im Schneewittchen-Märchen das Essen vom vergifteten Apfel war, äußert sich hier als Nahrungsverweigerung: wenn es zutrifft, daß eine antilibidinöse Einstellung im Innern Eduards unter seiner Leidenschaft verborgen lag, ist es nur folgerichtig, daß er sich Ottilies Verhalten zum Vorbild nimmt und auch seinerseits die Nahrungsaufnahme einstellt.

Sehr viel deutlicher ist diese antilibidinöse Einstellung in Robert Walsers bereits genanntem „Schneewittchen"-Dramolett, wo sich die Protagonistin offen zu ihrem Todeswunsch bekennt:

Oh ich verlange ja nichts mehr,
als daß ich lächelnd tot bin, tot.
Das bin ich auch und war es stets. –
Nie fühlt' ich heißen Lebenssturm.
Ich bin so still wie weicher Schnee,
der für den Strahl der Sonne liegt,
daß sie ihn nimmt. Schnee bin ich so –
und fließe bei dem warmen Hauch,

der mir nicht, der dem Frühling gilt.
Süß ist dies Sickern. Liebe Erd',
nimm mich in deine Wohnung auf!
So weh ist an der Sonne mir.
(Walser, 1902 (1978, 115).)

Man erfährt, daß dieser Todeswunsch Schneewittchens Folge ihrer gestörten Beziehung zur Mutter ist; die Tochter hat den ihr geltenden Todeswunsch der Mutter verinnerlicht und wünscht nun in Identifizierung mit dem Angreifer sich selbst den Tod*. Walsers Stück ist – worauf auch die Bezeichnung „Dramolett" hinweist – kein Drama im gewohnten Sinne, sondern eine Art Meta-Drama, das die Vorfälle des Märchens zum Gegenstand nimmt, sie aus der Rückschau zu reflektieren und sie psychodrama-artig noch einmal aus der Versenkung auftauchen zu lassen. „Sag, bist du krank?", fragt die Königin zu Beginn des Stückes, und Schneewittchen antwortet:

Was mögt ihr fragen, da Ihr doch
den Tod wünscht der, die als zu schön
Euch immer in die Augen stach.
Was seht Ihr mich so milde an.
Die Güte, die so liebreich sieht
aus Eurem Aug', ist nur gemacht,
der milde Ton nur nachgeahmt.
Haß wohnt in Eurem Herzen ja.
Ihr schicktet doch den Jäger mir
und hießt ihn zücken seinen Dolch
auf dies verhaßte Angesicht.
Ob ich nun krank sei, fragt Ihr mich?
(Walser, a.a.O., 104.)

In die Auseinandersetzung zwischen Mutter und Tochter sind nun noch die männlichen Figuren des Märchens einbezogen, von denen die Zwerge allerdings nur als Inbild stillen, von keiner Triebhaftigkeit gestörten Lebens erinnert werden:

* von Minden, G. (1978): „... das antilibidinöse Ich (ist) die Summe wiederholter traumatisierender Erfahrungen des Kleinstkindes, das (...) in seinen Sehnsüchten und Bedürfnissen durch eine abweisende, überwältigende oder wütende primäre Bezugsperson frustriert wird und sich nun dadurch zu helfen sucht, daß es sich mit ihr als dem zurückweisenden Objekt (...) identifiziert, als einer Art Vorform des späteren Abwehrmechanismus der Identifikation mit dem Angreifer". (345)

Still wie der Schnee lag Ruhe dort.
Wär' ich bei ihnen, die so gut
wie Brüder zu mir waren; dort
glänzt es von muntrer Sauberkeit.
Schmerz, als ein garst'ger Speiserest,
dem feinen Sinn unangenehm,
war fremd des Lebens blankem Tisch.
Lust, wie ein Bettuch, war so rein,
daß man in Schlummer drauf versank,
ins Reich der bunten Träumerein.
Unedelmütig Wesen war
dort unterm Volke unbekannt.
Ein jeder liebte milde Sitt',
artig Benehmen. Süß Gespräch
fand an den Lippen Widerhall.
Wär' ich noch dort. Doch trieb es mich
ja weinend wieder her zu Euch,
zur Welt zurück, in der ein Herz
hinsterben und verwelken muß. (A.a.O., 131.)

Weitere in Walsers Dramolett auftretende Figuren sind der König – eine nicht in die konflikthaften Spannungen verwickelte schwache Figur –, der Jäger – ein Trabant der Königin – und der Prinz, der als von außen hinzukommender Beobachter spürt, daß zwischen der Königin und dem Jäger ein libidinöses Verhältnis besteht, auch wenn sie offiziell nichts davon wissen wollen:

… Der Mann im grünen Kleide hat
weit wen'ger Ehrfurcht, als ihm ziemt,
vor dieser hohen Königin.
Schneewittchen, o wie übel hat
liebloser Haß mit dir gespielt.
Ein Wunder, daß du lebend bist.
Du hieltest Gift und Dolche aus.
Aus welchem Stoff bist du gemacht,
da tot du bist, und doch so hold
lebendig, ja, so wenig tot,
daß Leben sich in dich verliebt?
Sag' mir, stach dieser Jäger dich? (A.a.O., 107.)

Es hat hier den Anschein, als wolle der Prinz sich zum Anwalt des zu Schaden gekommenen Schneewittchens machen und das schuldige Paar – Königin und Jäger – anklagen; dann aber blickt er aus dem Fenster und sieht in dessen Rahmen ein Bild des Lebens, das ihn weit stärker anlockt als die Anwesenheit Schneewittchens:

Es ist die holdste Liebeslust,
die je ein liebend Paar entbrannt.
Die Königin küßt des Jägers Mund,
und er gibt Kuß um Kuß zurück.
Sie sitzen unterm Weidenbaum,
des lange Äste niederwehn
auf beider Haupt. Der Rasen küßt
das Wirrwar der verknüpften Füß'.
Das Holz der Bank seufzt unterm Druck
der Leiber, die ein Leib nur sind
in der Umarmung Liebeswonn.
O, so liebt sich ein Tigerpaar
im Urwald, ganz der Welt entrückt. (A.a.O., 113.)

Der Prinz – eben noch beinahe der Anwalt Schneewittchens – ist von diesem Bild libidinösen Lebens so überwältigt, daß er sich augenblicklich an die Stelle des Jägers und in die Arme der Königin wünscht. Damit stößt er Schneewittchen in die Rolle des ungeliebten, irreversibel geschädigten Teils zurück und offenbart zugleich seine eigene Unfähigkeit, zwischen libidinöser und antilibidinöser Einstellung, libidinösem und antilibidinösem Objekt eine mittlere Position zu halten. Er muß mit anderen Worten fortgehen, sich in eine „schizoide" (Kohut, 1971 (1973, 29)) Position begeben, die außerhalb des Konfliktbereiches liegt. Wenn der Prinz sich am Ende des Dramoletts aus der Hofgesellschaft entfernt und seine Ratlosigkeit mit Worten bekennt – „Ich weiß nicht, was ich sagen soll" (Walser, 1902 (1978, 144)) –, äußert sich darin zugleich etwas von der Ratlosigkeit des Dichters Walser, von dem man weiß, daß er in den letzten Jahrzehnten seines Lebens –vergleichbar dem kranken Hölderlin – andere Menschen in unübersteigbarer Ferne hielt. Auf Walsers wie auf Hölderlins Mutter-Sohn-Beziehung scheint die Formel von der eigenartigen Mischung „zarter Antwortbereitschaft und Unfähigkeit zur Einfühlung" zuzutreffen, die H. Stierlin zufolge in bestimmten Biographien „einer mit künstlerischer Verwirklichung gepaarten Schizophrenie zugrunde zu liegen scheint". (Stierlin, 1975, 72.)

III.

Mit Walsers Schneewittchen-Dramolett haben wir uns weit von unserem Ausgangspunkt und vom Urtext entfernt, aber es stellt sich die Frage, vermöge welcher Eigenschaften der Märchentext den Dichter zu dieser Paraphrasierung anregen konnte. Dazu ist es freilich nötig, daß wir vorübergehend wieder von der dritten, väterlichen oder männlichen Figur absehen und uns erneut auf die Mutter-Tochter-Beziehung konzentrieren. Deren Harmonie wurde ja – dem Urtext zufolge – durch einen Wunsch, ein libidinöses Interesse des Vaters nachhaltig gestört, obwohl es sich fragt, ob es nicht in jedem Fall zu einer Störung dieser Urharmonie hätte kommen müssen. Dem Interesse des Vaters an der Tochter korrespondiert deren eigener Wunsch nach Autonomie und Individuation, und es muß notwendigerweise zum inneren Konflikt kommen, weil diesem Wunsch nach Selbstbestimmung ein nicht weniger großer Wunsch nach Verharren, Festhalten an der Symbiose gegenübersteht. Was unter ödipalem Blickwinkel der Konflikt zweier miteinander um das Kind rivalisierender Elternfiguren war, ist unter entwicklungspsychologischem Aspekt der Konflikt zweier gegensätzlicher Einstellungen im Kinde selbst, durch Projektion auf die Elternfiguren lediglich verdeutlicht und mit den Gegebenheiten der Umwelt in Verbindung gebracht. Der ursprüngliche Alternativ-Titel „Unglückskind" klingt wie eine Anspielung auf die mit diesem Konflikt einhergehende innere Zerrissenheit – Bedingungen, auf die Margaret Mahler in ihren Arbeiten Licht geworfen hat. Wenn sie in einem Aufsatz davon spricht, wie sehr das Bild der guten symbiotischen Mutter und dasjenige der verfolgenden, wiederverschlingenden Mutter – der „Mutter nach der Loslösung" – im Erleben mancher Menschen auseinanderklaffen, so erinnert das an die brüsken, unvermittelten Übergänge im Schneewittchen-Märchen; nicht zuletzt auch an die Rolle des Vaters in diesem Text, der – genau wie Mahler es beschreibt – darin als Beschützer vor der verfolgenden Mutter, „Erwecker aus dem Schlaf" figuriert (Mahler, 1979 (1985, 360)).

Legen wir dieses Paradigma dem Schneewittchen-Märchen zugrunde, so liest sich „Schneewittchen" auf einmal nicht mehr – oder nicht mehr vorwiegend – als ödipaler Text, sondern als Geschichte von Loslösung und Individuation im Mahlerschen Sinne, in deren Verlauf die ursprünglich liebevolle Mutter scheinbar unvermittelt als böse, verfolgende Mutter erlebt wird. Wir verstehen dann auch besser, warum Schneewittchen den Ränken der alten Händlerin so wehrlos ausgesetzt ist: die Sogwirkung der früheren symbiotischen Vertrautheit trägt wesentlich zur Übermacht der Mutterfigur bei. Auch offenbaren die Todesarten, die sich mit den Geschenken der Händlerin verbinden, jetzt ihre symbolische Bedeutung, so der immer enger gezogene Schnürriemen oder der Apfelgrütz, an dem Schneewittchen „erstickt". Aber auch der Tod der Königin auf Schneewittchens Hochzeit – oft wegen seiner Grausamkeit beanstandet – verändert seine Bedeutung, wenn man ihn auf das Phantasma der wiederverschlingenden Mutter bezieht. Gelingt nämlich die Versöhnung der auseinanderklaffenden Mutterbilder – und Schneewittchens Wiedererwachen ist sicherlich eine „Versöhnung" im Sinne des zitierten Aufsatzes von Mahler –, so braucht das Phantasma der verfolgenden Mutter nicht länger gefürchtet zu werden; in diesem Sinne überantwortet es der Text den Flammen. Nur wenn durch willkürliche Textbearbeitung aus der leiblichen Mutter eine Stiefmutter wird (das heißt: eine Schneewittchen innerlich fernstehende, „fremde" Frau), wirkt sich dieser Eingriff in die Feinstruktur des Märchens als ein Zuwachs an Grausamkeit aus; jetzt verbrennt gewissermaßen nicht mehr nur eine Vorstellung, sondern die Person der Verfolgerin selbst. Vielleicht ist ein Bild geeignet, den Unterschied zu verdeutlichen: ist die Verbrennung im Urtext eine Verbrennung in effigie (das Bild oder die Vorstellung von der Winterhexe, die im Frühjahr entbehrlich wird), so die Verbrennung im Spättext eine Verbrennung der Hexe in Person; was in Schneewittchens Beziehung zur Mutter projektiver Anteil, „Phantasma" war, wurde ja eben durch die Apostrophierung „Stiefmutter" verschleiert, unkenntlich gemacht.

Das Gemeinte läßt sich auch noch etwas anders ausdrücken und führt dann zu wesentlichen Aufschlüssen über die Erzählstruktur des Märchens. Wäre es die Absicht des Textes gewesen, uns die Königin als Person nahezubringen, hätte er von Anfang an anders verfahren und uns anstelle disparater Eindrücke ein psychologisches Kontinuum vor Augen gestellt. Selbst wo es den Anschein hat, als wären wir mit der

Königin in einem Raum allein und sähen ihr wie in der Szene am Fensterrahmen oder vor dem Spiegel von innen her zu, haben wir es nur mit einem Ausschnitt zu tun, der durch das augenblickliche Erleben der Hauptfigur Schneewittchen projektiv verzerrt ist. Daher das Uneinheitliche im Gesamtbild der Königin, dessen Auseinanderfall in gute symbiotische und böse verfolgende Mutter. Wäre es eine psychologisch-realistische Darstellung, würden wir notwendigerweise etwas darüber erfahren müssen, wie es der Königin gelingt, ihre guten, liebevollen Gefühle so vollständig auszuschalten - und eben dieser „Mangel" in der Darstellung muß die Brüder Grimm zu ihrer Aufspaltung in Mutter und Stiefmutter bewogen haben. Dadurch kommt jedoch eine falsche Note von persönlicher Schuldzuschreibung, konkretistischer Dingfestmachung in das Märchen hinein, die mit dessen ursprünglicher Erzählstruktur nichts mehr gemein hat. Die Erzählstruktur des Märchens beruht eben, allgemein gesprochen, auf der Beschränkung der Erzählperspektive auf die Gestalt des einen Helden oder der einen Heldin, deren Phantasien über hilfreiche oder verfolgende Elternfiguren es so darstellt, als wären diese Elternfiguren in Wahrheit so, wie sie augenblicksweise vom Protagonisten wahrgenommen werden; als eigenständige Personen mit eigener Psychologie sind sie offensichtlich nicht gemeint und erfahren daher eine Verfälschung, wenn sie ihren Projektionscharakter verlieren.

Damit ist aber gleichzeitig auch verbunden, daß die strenge, sich auf die Perspektive des Märchenprotagonisten einschränkende Erzählstruktur notgedrungen verloren geht, wenn Märchenmotive und Märchenelemente in einem anderen Kontext Verwendung finden. Sie bringen jedoch andererseits den Vorteil, daß fundamentale, seelisch außerordentlich bedeutungsvolle Tatbestände zitathaft in ein wesentlich komplexeres Gebilde übernommen werden und so eine bestimmte Konstellation schlagartig erhellen können. Um das am Beispiel der „Wahlverwandtschaften" näher auszuführen: Goethe erwähnt bzw. läßt seinen Protagonisten Eduard selbst aussprechen, daß dessen Mutter sich ihm gegenüber, solange er als Knabe und Jüngling bei ihr lebte, überprotektiv verhielt; daß sich aber ihre Besorgtheit um ihn in dem Augenblick verlor, in dem er sich von ihr entfernte: „... nun schien ich ihr kaum anzugehören", heißt es im Text (Goethe, 1809, 30). Spuren dieses Bruches – der von fern an den „Bruch“ im Mutterbild Schneewittchens erinnert – finden sich in Eduards Beziehung zu den beiden Frauen, so wenn er Charlotte als verfolgende Mutter erlebt, die wie durch ein in seiner Stirn angebrachtes Fenster seine Gedanken mitliest, oder wenn sich Ottilie wie eine gute symbiotische Mutter allen seinen Bedürfnissen spiegelgerecht anzupassen weiß. Indem sich jedoch Eduards innere Bilder gegeneinander ausbalancieren, überbrücken sie die innere Kluft oder den inneren Bruch, der seine Mutterbeziehung beeinträchtigte, so daß ihm – wie der Text berichtet – alles daran gelegen sein muß, die „Eintracht“ der beiden Frauen nicht zu gefährden. Gerade dadurch aber bringt er Ottilie in Gefahr. Am Ende stellt sich heraus, daß er Ottilie (ähnlich wie der Epimetheus im zeitlich benachbarten Pandora-Fragment) nicht hat schützen können, so daß sie nun wie das schlafende Schneewittchen im gläsernen Sarg auf ihre Wiedererweckung, psychologisch gesprochen: auf eine Sinneswandlung, ein „Begreifen“ Eduards zu warten und zu hoffen scheint.

Und hier ist nun abschließend auf die Bedeutung aufmerksam zu machen, die die Beschaffenheit der Mutter-Tochter-Beziehung – sei es im Schneewittchen-Märchen, in Goethes Roman oder in Walsers Dramolett – für das (gespaltene) männliche Bewußtsein besitzt. Ohne Zweifel besteht hier etwas wie eine symbolische Gleichung oder, anders gesagt, die Beschaffenheit der Mutter-Tochter-Beziehung bildet eine gegenständliche Entsprechung zur intrapsychischen Verfassung des männlichen Protagonisten. Vermutlich hat diese symbolische Gleichung oder gegenständliche Entsprechung etwas damit zu tun, daß ein Sohn, der sich von seiner Mutter entfernt, diesen Entwicklungsschritt häufig mit einer Entfremdung erkauft, die wiederum nur das Begleitgefühl des Auseinanderklaffens der beiden konträren Mutterbilder ist. Die in der Außenwelt vorgefundene (oder, wie es bei Eduard der Fall ist, von ihm selbst hergestellte) Mutter-Tochter-Einheit ist demgegenüber eine Negierung des in ihm vorhandenen Bruches und erinnert ihn infolgedessen an längst verleugnete symbiotische Bedürfnisse. Dazu gehört dann freilich auch, daß er gleichsam seismographisch auf die Schwankungen innerhalb der realen Mutter-Tochter-Beziehung reagiert und jede sich in ihr anbahnende Trennung, Verfeindung, Verstimmung mit einer Intensität beobachtet, als beträfen ihn diese Schwankungen selbst, was sie, vermöge der erwähnten symbolischen Gleichung, bis zu einem Grade auch wirklich tun. In diesem Sinne verstehe ich das „Haften" des männlichen Protagonisten an der Mutter-Tochter-Beziehung als Ausdruck der Hoffnung – was zumindest auf den Prinzen im Märchen zutrifft – beziehungsweise als inständiges Warten auf den magischen Augenblick, in dem sich das schlafende Gesicht Schneewittchens wieder zu beleben beginnt: ein Zeichen, daß es ihm vielleicht selbst vergönnt sein könnte, Spaltung und Selbstentfremdung zu überwinden. „... Und welch ein freundlicher Augenblick wird es sein", heißt es im letzten Satz des Romans, „wenn sie dereinst wieder zusammen erwachen".

Literatur

Balint, M. (1968): Therapeutische Aspekte der Regression. – In: Die Theorie der Grundstörung. Stuttgart: Klett 1970.

Dettmering, P. (1974): Reglose und entfesselte Natur in Goethes „Wahlverwandtschaften“. – In: Dichtung und Psychoanalyse II. 3. Aufl. Frankfurt: Fachbuchhandlung für Psychologie 1986, 33–68.

Freud, S. (1914): Zur Einführung des Narzißmus. – Gesammelte Werke, Band X. Frankfurt: S. Fischer 1946.

Freud, S. (1918): Aus der Geschichte einer infantilen Neurose. – Gesammelte Werke, Band XII. Frankfurt: S. Fischer 1947.

Goethe, J. W. von (1809): Die Wahlverwandtschaften. – Frankfurt: Insel 1972.

Grimm, J. und *W.* (1812/14): Die Volks- und Hausmärchen in der Urfassung von 1812/14. Herausgegeben und mit einem Nachwort von P. Dettmering. 2., verb. Aufl. – Lindau: Antiqua 1986.

Klein, M. (1928): Das Seelenleben des Kleinkindes. – Stuttgart: Klett 1962.

Kohut, H. (1971): Narzißmus. Eine Theorie der psychoanalytischen Behandlung narzißtischer Persönlichkeitsstörungen. – Frankfurt: Suhrkamp 1973.

Mahler, M. (1979): Studien über die drei ersten Lebensjahre. – Stuttgart: Klett-Cotta 1985.

Minden, G. von (1978): Der strukturell ich-gestörte Patient und die Theorie der Objektbeziehungen. – In: Zeitschrift für Psychosomatische Medizin und Psychoanalyse, XXIV, 328–354.

Rilke, R. M. (1923): Die Duineser Elegien und die Sonette an Orpheus. – Wiesbaden: Insel 1950.

Rölleke, H. (1975): Die Älteste Märchensammlung der Brüder Grimm. Synopse der handschriftlichen Urfassung von 1810 und der Erstdrucke von 1812. – Cologny-Genève: Bibliotheca Bodmeriana.

Stierlin, H. (1975): Von der Psychoanalyse zur Familientherapie. – Stuttgart: Klett.

Walser, R. (1902): Gedichte u. Dramolette. – Gesamtausgabe in 12 Bänden, Band VII. Frankfurt: Suhrkamp 1978.

Über das Ausgesprochene und Nichtausgesprochene im Zaubermärchen

René Diatkine (Paris)

Die Zaubermärchen stehen immer in der Gunst der Kinder, der kleinsten wie der größten. Sie schlagen auch viele Erwachsene in ihren Bann, sei es in ihrer gewohnten Form, sei es, daß sie als Vorlage für Ballette, Opern oder irgendein anderes literarisches Werk dienen. Zahlreiche Spezialisten haben ihre Herkunft und ihre uspründlichen Aufgaben studiert, wie man die Entstehungsgeschichte der Mythen studiert. Andere kamen durch ihren psychologischen Ansatz in Versuchung, und das Rätsel der literarischen Schöpfung stellte sich ein weiteres Mal.

Ich werde von einer anderen Ebene aus versuchen, das Interesse zu verstehen, das die Pariser Kinder, mit denen ich arbeite, gegenwärtig an den Tag legen. Es stimmt sicherlich, daß sie ihre literarischen Vorlieben nicht ausschließlich durch Zaubermärchen befriedigen. Ob sie lesen können oder nicht, ihre Auswahlentscheidungen sind sehr selektiv und entwickeln sich innerhalb eines Rahmens, in dem nichts dem Zufall überlassen ist. Die Zaubermärchen nehmen einen besonderen Platz ein, was sich manchmal mit der Entwicklung der intellektuellen Neugierde und dem Bedürfnis, alles ganz genau wissen zu wollen, verbindet. Einige dieser Kinder können lesen, aber das heißt noch lange nicht, daß sie alle auch Leser sind. Die Mehrzahl beherrscht die geschriebene Sprache nicht, weil sie zu jung sind, weil sie große psychische Schwierigkeiten haben oder einfach, weil ihre erste Begegnung mit Büchern nicht gut verlief. Der Besuch von Kinderbüchereien erlaubt ihnen, dank der Anwesenheit von erwachsenen Lesern oder Erzählern, eine psychische Aktivität zu entdecken, die sie nicht kannten und die sie sofort zu ihrer eigenen machen, allerdings nur unter der Bedingung, daß man es ihnen nicht verleidet, indem man „Nutzen“ aus ihr zu ziehen versucht, sei es durch Überprüfungen, ob das Kind „verstanden“ hat, was der Erwachsene es verstehen lassen will, sei es durch den Versuch, daraus eine sprachliche oder moralische Lehre ziehen zu wollen (wie: Die edle Gesinnung wird immer belohnt; in der größten Not muß man sich die Hoffnung bewahren usw.). Die Märchen stehen oft in krassem Gegensatz zur herkömmlichen Moral, wie sie für die Kinder gedacht ist, und die Wunder und Zaubereien sind genau das Gegenteil jeder vernunftbezogenen Heranführung an die Schwierigkeiten des Lebens. Ihre Wirkung ist eine andere, die aber keineswegs vernachlässigt werden darf.

Die Zaubermärchen bilden heute, in unserer durch die Vorherrschaft des Buches gekennzeichneten Kultur, einen Teil der geschriebenen Literatur. Ursprünglich für die mündliche Überlieferung verfaßt, erlangen sie durch das Niedergeschrieben-Werden einen besonderen Status, der sie von den Erzählungen unterscheidet, die, wie es in anderen Kulturkreisen üblich ist, unter genau vorgeschriebenen Bedingungen mündlich weitergegeben werden, wie zum Beispiel im Gesang der Schwarzen in Afrika. Selbst das kleinste Kind weiß bei uns, daß die Geschichten in einem Buch stehen, das es zu seinem Besitz machen kann. Durch diese Inbesitznahme wird es eine vollständige Herrschaft über das Spiel der Phantasie erlangen können, das durch den Text ausgelöst wird. Wenn es selbst Leser geworden ist, wird es das Buch in die Einsamkeit seiner persönlichen Träumereien mitnehmen. Zu Beginn ist die körperliche Gegenwart des Erwachsenen, als Erzähler oder Vorleser, notwendig, damit der Austausch mit dem ursprünglichen Erzähler der Geschichte oder des Märchens möglich wird. In der Folge fügt sich diese Inbesitznahme des Buches über das Vorgelesen-Bekommen in den Aufbau und die Abgegrenztheit des psychischen Raumes des Kindes ein, eines unendlichen Universums der Imagination, dessen Grenzen wohlgehütet werden, um sich vor der Zudringlichkeit der Erwachsenen zu schützen. Eltern oder Lehrer, sonst immer prompt mit Klagen zur Hand, daß die Jungen nicht lesen, finden dann andere Gründe des Protests: „Must du denn gerade jetzt lesen, du mußt doch arbeiten, zum Essen kommen, schlafen usw. ...“, „In deinem Alter so etwas zu lesen!“, „Du hast das doch schon hundert Mal gelesen!“ usw.

Die Zaubermärchen sind Teil der Literatur, weil sie strengen Aufbauregeln unterworfen sind, was durch die Arbeiten von Vladimir Propp auch breiten Kreisen besser bekannt geworden ist. Die Erfahrung zeigt, daß sie den Kindern um so mehr gefallen, je klassischer ihre Entwicklung ist.

Wenn ein Psychoanalytiker die bekanntesten Märchen liest oder anhört, wird seine Aufmerksamkeit zunächst von den Themen angezogen, die ihn wegen ihres latenten Inhalts, der ihm vertraut ist, ansprechen: den kindlichen Sexualtheorien, den unbewußten Phantasien (Ödipuskomplex, Kastrationsangst, den primitiven Beziehungen zur Mutter-Imago) und den gebräuchlichsten Abwehrmechanismen (Objektspaltung, Ichspaltung usw.). Über diese Thematik sind schon viele Kommentare geschrieben worden, und ich werde deshalb heute nicht darauf den Akzent legen. Viele andere Texte können einen Psychoanalytiker zum Denken anregen, als handelte es sich um Traumberichte. Auf Kinder und andere Leser können sie nicht dieselbe Wirkung haben. Der beste Beweis dafür sind die Geschichten, die Kinder selbst erfinden, wenn sie in einer Theatergruppe ein Thema vorschlagen. Die Durchsichtigkeit unbewußter Inhalte hierbei ist immer bemerkenswert. Diese Vorschläge werden von den anderen Kindern in der Regel widerwillig aufgenommen, weil sie sie unangenehm oder einfach langweilig finden. Sie sind immer von einfacher Form, ohne Entwicklung, manchmal von einer tragischen Schönheit, aber unerträglich für dieselben Kinder, die andererseits unermüdlich immer wieder das Märchen vom Machandelbaum oder die schrecklichsten Menschenfresser-Geschichten hören wollen.

Ein Zaubermärchen beginnt oft mit der Wendung:

„Es war einmal, in einem fernen Land, ein König, eine Königin."

Die Familie wird in der Folge vervollständigt durch Kinder, die schon geboren sind oder noch erwartet werden. Bevor man sich von dem phantasmatischen Entwurf verzaubern läßt, der von Anfang an da ist, muß man die Einleitungswendung selbst in Betracht ziehen. „Es war einmal" ist ein grundlegender Schlüssel zum Zaubermärchen. Das Nebeneinandersetzen der Vergangenheitsform im Indikativ, Zeit der Wiederholung und des Unabgeschlossenen, mit „einmal", das im Gegensatz dazu ein einmaliges und datierbares Ereignis bezeichnet, was im Französischen gewöhnlich durch das Passé simple oder das erzählende Präsens ausgedrückt wird, führt zur Aufhebung der zeitlichen Orientierung, genauso wie „In einem fernen Land" uns jeglichen örtlichen Anhaltspunkt versagt.

Daß Vater und Mutter oft König und Königin sein sollen, also völlig imaginäre und sagenumwobene Personen für Kinder, die in einem Land mit so festverankerten republikanischen Traditionen leben wie in Groß-Paris, weist nicht allein auf eine diesen Bildern zuerkannte Macht hin. Zu Zeiten der Könige, der Königinnen und der Prinzessinnen, genauso wie in jenen Zeiten, in denen die Tiere noch sprechen konnten, ist es sehr wohl der symbolische Ausdruck, der, ohne daß es ausgesprochen werden müßte, auf die zauberhafte Welt der ersten Lebensjahre zurückverweist, auf das goldene Zeitalter, das verlorene Paradies, auf die Zeit, in der alles möglich war, auf die Zeit, in der das Kind nicht wußte, daß die Wünsche von Natur aus unersättlich sind, auf die Zeit, die rasch von der kindlichen Amnesie zugedeckt wird.

Manchmal, die Anzeichen dafür sind sehr versteckt, verschwindet die Qualität des Königlichen. Die traditionelle und immer wieder ungewöhnliche Verwendung des Imperfekts in der Einleitung („Ein reicher Mann hatte eine Frau") genügt, um uns in Erinnerung zu rufen, daß die Geschichte einzig im Bereich der psychischen Realität spielt, dort, wo der Hinweis auf eine geschichtslose Vergangenheit das beste Mittel ist, die Zukunft der Wunschphantasien heraufzubeschwören.

Durch jene Wendung in der Einleitung unterscheidet sich das Zaubermärchen von den Legenden und den volkskundlichen Erzählungen (selbst wenn man gemeinsame Ursprünge entdeckt), die sich auf die Geschichte und die mythische Zeitrechnung eines bekannten und lokalisierbaren Landes beziehen (Geschichten von Landesheiligen oder Rittergeschichten usw.). In manchen Gegenden zeigt man die Orte, an denen sich Legenden abspielten und deren Erinnerung durch eine Eigenart der Landschaft, die Besonderheit eines Felsens, eine Spalte in einer Felswand oder eine öde Heidelandschaft wachgehalten wird. Die topographischen Angaben der Zaubermärchen haben dagegen eine rein symbolische Bedeutung. „Schneewittchen" findet Zuflucht bei den sieben Zwergen, hinter den sieben Bergen; ein anderer Held durcheilt mit immer größerer Geschwindigkeit vier immer länger werdende Etappen, zu denen alte Frauen, die immer weißhaariger werden, immer genauere Angaben machen, bevor er das Reich von „Rotkäppchen“ erreicht; während in dem Märchen „Der treue Johannes“ „der Prinz den Wald verließ und ohne Aufenthalt über gebahnte und ungebahnte Wege ging, bis er schließlich eine große Stadt erreicht hatte ...“. Die Entfernungsangabe bedeutet vor allem, daß man in ein anderes Traumgebiet eindringt; was der Held dort erleben wird, unterscheidet sich von dem, was vorher geschah, und ist doch zugleich eine Konsequenz davon. Der Held selbst zeigt unter diesen Umständen neue Facetten seiner Fähigkeiten und seines Charakters, ohne jedoch seine Identität zu verlieren.

Zaubermärchen sind von Natur aus kosmopolitisch, im Gegensatz zu den ersten philologischen Hypothesen der Brüder Grimm. Dieselben Geschichten finden sich mit geringfügigen Unterschieden nicht nur in den Traditionen von Völkern, die weit voneinander entfernt leben, sondern auch die Auswahl und die Vorlieben der Pariser Kinder sind keineswegs durch ihre Herkunft festgelegt. Wie G. Patte (1981) schon vor langer Zeit festgestellt hat, hören die Kinder auf den Antillen, in Nordafrika, in Süd- oder Westeuropa mit der gleichen Leidenschaft russische, deutsche oder afrikanische Märchen. Die Lust auf Zaubermärchen ist an keinen Lokalpatriotismus gebunden, jeder Chauvinismus wäre der Universalität des von ihnen Mitgeteilten völlig fremd.

Die Analyse eines Märchens sollte nicht durch den Nachweis einer einzigen Bedeutung gelenkt werden. In der Analyse eines Traumes oder einer Phantasie (man denke an „Ein Kind wird geschlagen“) erlaubt die Mehrdeutigkeit der Personen, der Objekte, der Orte und der Handlungen die verborgensten Formen des psychischen Funktionierens des Patienten zu erforschen. Bei einem Märchen ist sie ein wertvoller Schlüssel, um einige ihrer Wirkungen auf die Kinder unserer Tage zu verstehen. Die Personen erscheinen sehr schematisch. Die einen sind gut, die anderen böse, der Held ist eher tapfer und großzügig, wenn es ein Junge ist, gut und anständig, wenn es sich um ein Mädchen handelt. Seit dem Ende des 19. Jahrhunderts hat die naturalistische Kritik solche Rollen aus der ernsthaften Literatur verbannt. Man findet sie nur noch in den sogenannten B-Filmen oder in den Photoromanen. Um die Wahrheit zu sagen: in dem Aspekt, der am meisten manifest ist, sind die Charaktere der Märchenpersonen ein wenig komplizierter als es bei der ersten Lektüre erscheint. Ohne sich bei den Schwächen des „tapferen Schneiderleins“ aufzuhalten, der ein ebensolcher Aufschneider ist wie Papageno, kann man an Schneewittchens Koketterie und gedankenlose Naschsucht erinnern, was jedoch ihren grundlegenden Tugenden keinen Abbruch tut und dem Text der Brüder Grimm seine originelle volkstümliche Würze beläßt.

Die Reduzierung der Figuren auf einen stilisierten Umriß hat nichtsdestoweniger eine Auswirkung, die direkt an die Form der Erzählung gebunden ist. Wie in den Träumen gibt jede „Rolle“ nicht die Gesamtheit einer Person wieder, sondern einen ihrer Aspekte, das Produkt einer ihrer Identifizierungen (was gleichermaßen für gewisse sehr kontrastreiche Rollen mancher Opern gilt). Der Märchenliebhaber kann ebensogut bei einer sympathischen Gestalt eine mehr oder weniger deutliche Anspielung auf einen Teil seines Ich-Ideals erkennen, wie er sich auch entlasten kann, wenn er bei einer unsympathischen Person einen schlechten Anteil seiner selbst feststellt, von dem er sich in einem Spiel befreien kann, das nur für die Länge des Märchens dauert. Mit der projektiven Identifizierung zu spielen, ist sicher einer der Vorteile, den Kinder wie Erwachsene aus dem Umgang mit dem „Ritter Blaubart“ ziehen, ein Umgang, den sie in der einen oder anderen Form immer wieder suchen, sofern man ihnen die Möglichkeit dazu läßt. Dagegen ist der „Narzißmus der kleinen Unterschiede“, wie er von gewissen folkloristischen Erzählungen verbreitet wird, eine ganz andere Form der projektiven Identifizierung: ohne Spiel diesmal und um wieviel zerstörerischer!

Ich werde jetzt einige bedeutende Märchengestalten im Hinblick auf die Imagines untersuchen, auf die sie sich beziehen, wobei mehrere Gestalten dieselbe Imago in einer anderen Funktion darstellen können.

Viele Märchen beginnen mit dem Tod der Mutter der Heldengestalt und der Wiederverheiratung des Vaters, wodurch eine Stiefmutter ins Haus kommt. Die tote Mutter hatte alle Tugenden, die man Verstorbenen zugesteht, eine Stiefmutter hingegen ist manchmal sehr schön, aber immer ist sie sehr böse und oft eine Mörderin. Die „Spaltung“ zwischen den beiden Figuren ist von Anfang an offensichtlich, aber eine aufmerksamere Lektüre erlaubt uns Hinweise anderer Art zu entdecken. In einer früheren Arbeit hatte ich eine gewisse Verwunderung über den Wunsch von Schneewittchens Mutter geäußert: „Oh, hätt ich doch ein Kind so weiß wie Schnee, so rot wie Blut und so schwarz wie Ebenholz!“ Und wenig später stirbt sie bei der Geburt von Schneewittchen. Welch zweideutiger Wunsch! Das rote Blut ruft sowohl das Leben und die Monatsblutung in Erinnerung als auch die tödlichen Verletzungen; der weiße Schnee läßt ebenso an die Farbe der Lilie wie an Todesblässe denken, während das Schwarz des Ebenholzes unbestreitbar auf Tod und Begräbnis hinweist. Dies alles ist die Inszenierung eines sehr ambivalenten, auf jeden Fall sehr komplizierten Wunsches, wenn er lediglich das Verlangen ausdrücken soll, ein hübsches Mädchen zur Welt zu bringen. Der Tod der Mutter bei der Geburt der Heldin, früher nichts Ungewöhnliches, wird einige Zeilen später mitgeteilt und ist die melodische Wiederkehr des todesschwangeren Charakters des Wunsches. Das Kind, in dem sich der junge Leser als Subjekt wiedererkennen kann, ist ebenso wie die Mutter dem Tode geweiht und die Figur der Stiefmutter, die Vollstreckerin des Wunsches, ist das Ergebnis der Verdichtung der beiden ersten Mutter-Bilder: – der Mutter, die einen so unheilvollen und vernichtenden Wunsch äußert, – der toten Mutter. Über diesem Thema entwickelt sich das Märchen:

Wird Schneewittchen dem Tod entkommen, den die Mutter ihr bestimmt hat, bevor sie selber starb?

Der zurückhaltende Text, seine lapidaren oder anspielenden Verkettungen ermöglichen dem Märchenfreund gleichzeitig die Vorstellung zu bewahren, daß unsere junge Waise von der besten aller Mütter geboren wurde; auf diese Vorstellung kann nicht verzichtet werden, wenn das Märchen seine Rolle aufrechterhalten soll, wenn Kinder und Erwachsene mit einer ähnlich tragischen Geschichte wie der von Ödipus oder der von Elektra („Schwarz steht Schneewittchen gut“) spielen können sollen, ohne traurig zu werden, ohne sich in ihrem Narzißmus verletzt zu fühlen, ohne melancholisch zu werden, noch schlecht zu träumen.

„Über ein Jahr nahm sich der König eine andere Gemahlin. Es war eine schöne Frau, aber sie war stolz und übermütig, und konnte nicht leiden, daß sie an Schönheit von jemand sollte übertroffen werden.“

Diese kurze Bemerkung verbindet sich mit dem anderen Aspekt des Wunsches der Mutter, die gefunden hatte, daß „das Rote im weißen Schnee so schön aussah", und die sich ein ebenso schön anzuschauendes Mädchen gewünscht hatte. Bei Mutter und Stiefmutter handelt es sich nicht um zwei Bilder, die einander einfach ausschließen. Sie ergänzen sich unumstößlich. Die Besetzung des Blickes (durch das Fenster, in den Spiegel) zeigt die Kontinuität, ebenso wie die Ausdauer, mit der die Stiefmutter den zerstörerischen Teil des mütterlichen Wunsches ausführen will. Das unheilverkündende Schwarz des mütterlichen Wunsches zu Beginn wird ein letztes Mal in dem Wunder am Schluß erwähnt. Obwohl Schneewittchen tot ist, behält es seine roten Wangen, rot wie das Blut der Mutter, rot wie der rotbäckige vergiftete Apfel, und die Zwerge weigern sich, Schneewittchen in die „schwarze" Erde zu legen. Und am Ende des Märchens muß die zweite Mutter in weißglühenden eisernen Schuhen tanzen, bis sie tot umfällt.

Doch das Märchen vom „Schneewittchen" macht es durch sein Spiel mit den Farben, wenn die Stiefmutter auf der Stelle eine Leichenfarbe annimmt – gelb und grün –, als der Spiegel ihr mitteilt, ihre Stieftochter sei die Allerschönste, einer psychoanalytischen Deutung vielleicht zu einfach.

Die Geschichte vom „Aschenputtel" (in der Version der Brüder Grimm) zeigt sich anders. Eine Mutter, die ihr Ende nahen fühlt, rät ihrer einzigen Tochter folgendes:

> „Liebes Kind, bleib fromm und gut, so wird dir der liebe Gott immer beistehen, und ich will vom Himmel auf dich herabblicken und will um dich sein."

Der manifeste Text dieser letzten Weisung scheint vom größten Wohlwollen getragen zu sein, aber die Folge der Erzählung zeigt, daß die Heldin auf diese Weise verurteilt ist, alle Mißhandlungen ohne Widerrede zu ertragen, die ihr die Stiefmutter und deren beide Töchter zufügen. Die Grausamkeit dieser Ersatzmutter ist übrigens nicht nur auf die Heldin gerichtet. Bei ihren eigenen Töchtern – und hier handelt sie als Mutter – erweist sie sich als erstaunlich verstümmelnd, indem sie der ersten rät, sich die große Zehe, der zweiten, sich die Ferse abzuhakken. Diesen Preis müssen sie zahlen, um danach trachten zu können, den Königssohn zu heiraten.

Die tote Mutter und die Stiefmutter wiederholen dasselbe Thema, das eine Mal auf moralischer, das andere Mal auf körperlicher Ebene ausgedrückt.

Am Ende des Märchens hacken die Vögel, die die erste Mutter darstellen, den beiden Schwestern „für ihre Bosheit und Niedertracht" die Augen aus. Die Komplizenschaft der beiden mütterlichen Figuren wird hier offenkundig, selbst wenn sie eine gegensätzliche Funktion vertreten. Dieser Gegensatz läßt ein ausreichend gutes Bild weiterbestehen, um nicht die grundlegenden Identifizierungen der Märchenliebhaber zu gefährden.

Marthe Robert (1978) weist darauf hin, daß, obgleich viele Märchengeschichten von Kleinfamilien handeln, der Vater auffallend wenig im Text auftritt und dennoch eine zentrale Figur in der Geschichte ist. Wenn auch Tamino am Anfang der „Zauberflöte" Papageno erklärt, daß er ein Prinz, also ein Königssohn sei, ist in der Folge von diesem anfänglichen Vater nicht mehr die Rede, denn Sarastro hat vollständig die Rolle übernommen. In Schikaneders Text gibt es eine sehr bezeichnende Erwiderung. Papageno ist sehr überrascht, von einem König reden zu hören, den er nicht kennt: „Sag mir, gibt es denn noch andere Länder, andere Völker jenseits dieser Berge?" ruft er aus und ist in den Zweifeln eines Kindes gefangen, wenn es entdeckt, daß die Eltern anderer Kinder andere Personen als seine eigenen Eltern sind und daß das Modell der Kleinfamilie, auf dem seine ersten Identifizierungen aufgebaut sind, als Schlüssel zum Verständnis einer unbegrenzten Anzahl menschlicher Beziehungen dienen kann; was ihn letztlich dahin führt, daß er anerkennen kann, daß auch die anderen Träger von Wünschen sind – ein hartes Zugeständnis, das das Ende der Kindheit markiert.

Der Vater schickt manchmal seinen Sohn, wenn er herangewachsen ist, mit einer mageren Wegzehrung in die Welt hinaus, damit er sich beweise und vielleicht anderswo eine Braut finde. Ist der Held edel und großzügig, schenkt er all sein Gut dem erstbesten Unglücklichen, der ihn um ein Almosen bittet und der ihm als Gegengabe den Talisman gibt, mit dessen Hilfe er sein Werk glücklich vollenden kann. Manchmal erlegt der Vater oder derjenige, der seine Rolle spielt, dem Helden Prüfungen auf, wie in der „Zauberflöte", was man als einen Initiationsritus auffassen könnte. Doch oft entzieht sich der Held mit List und Tücke dieser Situation („Das tapfere Schneiderlein“, „Rotkäppchen“).

Der Vater tritt in seiner manifesten Form oft nur am Beginn und am Ende für das endgültige Sichwiederfinden auf.

Das Stillschweigen über den Vater ist in den Stiefmutter-Märchen noch eindrucksvoller und ermöglicht dem Märchenfreund das zu phantasieren, was ihm Spaß macht, oder sich auch gar nichts vorzustellen, indem er all die Probleme, die durch den Text in der Schwebe gehalten werden, beiseite läßt.

Wie ist es möglich, daß ein weder dummer noch perverser Vater beim zweiten Mal eine so böse Frau heiratet (Aschenputtel), eine Hexe oder ähnliche Gestalt (Schneewittchen, Geschichten von Baba Yaga) oder eine Frau, die vom Bösen besessen ist (Von dem Machandelbaum), und es nicht merkt? Wie soll man erklären, daß er nicht reagiert, wenn seine Tochter verschwindet, daß er nicht eingreift, um sein Kind zu schützen, er, der meistens ohne den geringsten Kommentar, ohne die geringste Einschränkung dargestellt wird, ein absoluter Inbegriff einer nicht infrage gestellten Funktion?

Nach den Worten von Marthe Robert (1978) scheint die Aufgabe des Vaters, im manifesten Text, auf die Verpflichtung beschränkt, verheiratet zu sein und Kinder zu haben. Nachdem Schneewittchens Mutter nach der Geburt des Kindes gestorben war, „(nahm sich) über ein Jahr ... der König eine andere Gemahlin.“ Ebenso im Aschenputtel: „Als der Winter kam, deckte der Schnee ein weißes Tüchlein auf das Grab, und als die Sonne im Frühjahr es wieder herabgezogen hatte, nahm sich der Mann eine andere Frau.“

Wenn man näher hinsieht, stellt man fest, daß in jedem der Märchen mit einer Stiefmutter die Rolle des Vaters im Vergleich zu dieser viel weiter entwickelt ist und zusätzlich auf eine von ihr auch unterschiedene Weise. Im Schneewittchen ist die Veränderung in der Repräsentation des Vaters radikal. Wenn der Vater in der manifesten Geschichte nach der lapidaren Ankündigung seiner Wiederverheiratung keinerlei Rolle mehr zu spielen scheint, wenn auch deutlich gesagt wird, das einzige Liebesobjekt der Stiefmutter sei ihr eigenes, vom Spiegel zurückgeworfenes Bild, so wird eine väterliche Funktion doch noch in zwei sehr gewichtigen Augenblicken des Märchens erwähnt. Als Schneewittchen in den gläsernen Sarg gelegt wird, schreiben die Zwerge „mit goldenen Buchstaben seinen Namen darauf, und daß es eine Königstochter wäre." Und der Prinz sagt später zu dem Mädchen: „Komm mit mir in meines Vaters Schloß, du sollst meine Gemahlin werden." Nachdem so die Vater-Imago verschoben worden ist, wird die Stiefmutter allein zur Hochzeitsfeier eingeladen. Sie wohnt dem Sieg ihrer Rivalin bei und erlebt das uns bekannte Ende.

In vielen anderen Märchen ist die Stellung des Vaters viel nuancierter und dennoch nicht weniger ungewöhnlich gestaltet. In der Fassung der Brüder Grimm läßt Aschenputtels Vater seine Tochter anscheinend ohne Protest mißhandeln. Und dennoch spielt er eine wesentlich positivere Rolle, da er nämlich die Funktion des „Schenkenden" einnimmt.

> „Es trug sich zu, daß sich der Vater einmal auf den Jahrmarkt begeben wollte. Da fragte er die beiden Stieftöchter, was er ihnen mitbringen sollte."
> „Schöne Kleider", sagte die eine,
> „Perlen und Edelsteine", sagte die andere.
> „Aber du, Aschenputtel, was willst du haben?"
> „Vater, das erste Reis, das Euch auf Eurem Heimweg
> an den Hut stößt, das brecht für mich ab."

So bringt er seiner Tochter den Zweig des Haselstrauches mit, den sie auf das Grab ihrer Mutter pflanzt, und diese edle Tat ist der Ursprung des Zauberbaumes, von dem die Vögel ausfliegen, die der Heldin schließlich ermöglichen, die Stärkste zu sein und die Frau des Prinzen zu werden.

Ich will hier nicht ausführlich auf die Symbolik dieser Geschenke eingehen. Im Gegensatz zu den Kleidern und Schmuckstücken, welche die glänzende und perverse Weiblichkeit darstellen, symbolisiert der Haselzweig die unausgesprochene Bewahrung vor der Kastration durch die Mutter, die kontrastierend dazu durch die blutigen Verstümmelungen der beiden Schwestern unterstrichen wird. Die Liebe des Vaters zu Aschenputtel wird sorgfältig im Verborgenen belassen, bei einer totalen und stillschweigenden Komplizenschaft hinsichtlich des Sinns des Geschenkes. Am Ende der Geschichte fragt sich der Vater mit gespielter Naivität bei jedem Mal: „Sollte es Aschenputtel sein?" und dann sagt er, als zögere er immer noch: „Nur von meiner verstorbenen Frau ist noch ein kleines, einfältiges Aschenputtel da: das kann doch unmöglich die Braut sein." Und der Märchenfreund weiß, was auch dem Vater bekannt ist, daß sie es ist, ebenso wie der Psychoanalytiker den – verborgenen, aber rasch aufgefundenen – Sinn der Verneinung kennt. Wichtig ist allein, daß die Liebe des Vaters zu Aschenputtel, das einzige was wirklich zählt, vollkommen unausgesprochen bleibt. Und allein aus diesem Grund läßt er auch zu, daß sich seine einzige Tochter mit Asche bestreut. Kein Kind läßt sich davon in die Irre leiten; die Hauptsache ist jedoch, nichts dazu zu sagen, so wie man auch nicht darauf hinzuweisen braucht, daß der Vater, der König und der Prinz drei Darstellungsformen derselben Vater-Imago sind.

Gewiß ist in „Allerleirauh" (dessen Thema identisch in dem Märchen von Charles Perrault wiederkehrt, das unter dem Namen „Peau-d'Ane" bekannt ist) der Vater-Tochter-Inzest am deutlichsten beschrieben. Wenn hier der Inzestwunsch des Vaters klar ausgedrückt wird, der durch die Ähnlichkeit der Tochter mit ihrer verstorbenen Mutter gerechtfertigt wird, so ist im Text der Brüder Grimm der Inzestwunsch der Tochter durch einen stilistischen Kniff verborgen. Nachdem der Vater die drei Prüfungen, die sie ihm auferlegte, bestanden hat, flieht die Prinzessin. Sie verbirgt sich in einem Wald, und mit einem Mal, ohne weitere Umstände, ändert ihr Partner seine Identität. Es ist „der König, dem dieser Wald gehört", den sie heiraten wird, nachdem sie sich selbst drei Prüfungen auferlegt hat, die sich symmetrisch zu den ersten verhalten. Der Inzest wird somit im selben Moment verleugnet und verwirklicht.

Bei anderen Themen von Zaubermärchen handelt es sich um Inhalte von frühkindlichen Ängsten: Geburt und Tod. Kinder lieben zwei derart gegensätzliche Formen der Literatur. Die erste behauptet die Unsterblichkeit des Helden, der auch nicht altert. Dieser bewahrt von Abenteuer zu Abenteuer sogar immer das gleiche Erscheinungsbild und scheint ein Alter zu besitzen, das nie genau bestimmt wird. In seiner reinsten Form hat er weder Eltern noch Herkunft, er heiratet nicht und hat keine Kinder. Der große Erfolg zahlreicher Zeichencomics beruht zum Teil auf der Befolgung dieser Übereinkunft. Selbst wenn in verschiedenen Kämpfen eine Vielzahl von „Bösewichten" getötet werden, wird die Unverletzlichkeit des Helden nie infrage gestellt. Übrigens findet man dieselbe Anlage in vielen Kriminalromanen wieder; obwohl Hercule Poirot schon relativ alt ist und obwohl viele Leichen seinen Weg markieren, altert er genausowenig wie James Bond. Viele relativ gebildete Erwachsene lesen keine Romane oder lesen nur Kriminalromane, weil sie sich nicht in eine Geschichte vorwagen können, in der der Tod anders dargestellt würde, in der sie ihren eigenen Tod oder den ihrer Eltern auf irgendeiner Seite antreffen könnten.

Die Zaubermärchen hingegen sprechen Geburt und Tod sehr direkt an, oft vereinigt im Thema der Mutter, die sterbend den Helden zur Welt bringt. Die Empfängnis selbst ist bisweilen in einer elliptischen und symbolischen Form zugleich dargestellt. So sticht sich Schneewittchens Mutter in den Finger, und ein Tropfen Blut fällt in den Schnee. Diese Aussage läßt für einen Augenblick jeglichen räumlichen Fixpunkt bezüglich des Fensters vergessen, wie auch jegliche Unterscheidung von innen und außen. Dieses zeitweise Verschwinden der vernunftgemäßen Koordinaten, wo sich jeder auf seine Art etwas dazu phantasieren kann, bringt, genauso wie dies der Nadelstich hervorgerufen hat, den Verlust der Körpergrenzen im Verlauf des Koitus zur Sprache, ohne daß da etwas bestätigt oder genauer ausgesagt würde.

Die Dauer der Schwangerschaft bleibt ebenso unbestimmt: „Bald darauf bekam sie ein Töchterlein", wobei es dem Leser völlig freigestellt bleibt daran zu denken, ob der Stich und der dreifache Wunsch die Empfängnis kennzeichnen oder einen Zwischenfall am Ende der Schwangerschaft. Die Rolle des Zauberbaums für die Zeugung ist deutlich in dem Märchen vom „Machandelbaum" dargelegt. Seiner erstmaligen Erwähnung folgt die Beschreibung der neun Monate der Schwangerschaft. In der Folge ist er der Baum der Wiedergeburt und der Freude, der jeder tragischen Episode einen Kontrapunkt beifügt, der am Schluß triumphiert. Die Geburt ist zur Wiedergeburt geworden und verwandelt die Angst vor den Ursprüngen in Lebensbejahung und in einen Sieg über die Todesangst.

Die Stimmigkeit dieser Entwicklung führt uns zur Bedeutung der Form der Märchengeschichte zurück, wie wir schon am Anfang dieser Studie unterstrichen haben. Ich beziehe mich hier vor allem auf den Vergleich zwischen der traditionellen, mündlich überlieferten Literatur und den schriftlich fixierten Geschichten, mit denen wir uns heute befassen. An ihnen läßt sich gut aufweisen, wie ihre Form einen radikalen Unterschied zur gesprochenen Sprache mit sich bringt. Am besten zeigt sich dies am Gebrauch der sprachlichen Mittel in all ihren Schattierungen: so sind (beispielsweise) die weitschweifigen Wiederholungen zum Verständnis der Botschaft unentbehrlich; sie sind immer beabsichtigt, sie führen einen ergänzenden Sinn ein.

Seit der ersten Arbeit von Vladimir Propp (1975) sind die Märchen Gegenstand zahlreicher strukturalistischer Untersuchungen gewesen, die die Beständigkeit und die Veränderungen ihrer Komposition und der Funktionen der Personen hervorgehoben haben. Sie haben eine Reihe sehr interessanter sprachhistorischer Perspektiven eröffnet. In dieser Arbeit werde ich mich jedoch auf einige nützliche Bemerkungen beschränken, um ihre Auswirkungen auf die jungen Leser von heute zu erfassen.

Die meistgelesenen Märchen beginnen oft mit der Beschreibung einer Ausgangssituation, einer oft sehr kurzen Beschreibung, die sich in einigen Elementen von selbst versteht (so gibt es keine Königin ohne einen König, und das muß nicht eigens gesagt werden). Die Familiensituation birgt ein explizites oder implizites Element von Spannung in sich, wie schon gesagt wurde.

Die Entwicklungen, die daraufhin folgen, leiten sich aus dieser Spannung oder den deutlicher formulierten Widersprüchen ab. Wir haben gesehen, daß die Eltern-Imagines dann unerläßlichen und ebenso durchsichtigen Verwandlungen unterliegen. Ein typischer Aspekt dieser Entwicklungen ist der Gebrauch von Wiederholungen, die in Momenten eingesetzt werden, in denen die dramatische Handlung eine schwer erträgliche Intensität erreichen könnte. Diese Reprisen gestalten die Herrschaft der Affekte, die die Erzählung hervorrufen würde, um. Dabei handelt es sich in manchen Fällen genau um die Todesperspektive für den Helden, der einem geplanten Mord durch die Gestalt, die die Rolle des bösen Elternteils inne hat, zum Opfer fällt oder um die Verwirklichung des Inzests (Allerleirauh). Die drei Versuche der Königin, Schneewittchen zu töten, werden dann zu einem Wortspiel, zu einer Moritat. Die Worte sind die gleichen trotz des dramatischen Crescendo, das durch die diskreten Variationen angedeutet wird. Die Stiefmutter zeigt sich fast immer in der gleichen Weise, und wenn die

Heldin sie jedesmal nicht erkennt (Verkennungen sind im Theater und in der Opera buffa des 18. Jahrhunderts häufig), so verhilft eine augenscheinliche Komplizenschaft zwischen dem Erzähler und dem Märchenfreund diesem letzteren, nicht getäuscht zu werden und genügend Abstand zu halten. Plötzlich wird das zum Spiel, was einen schlechten Traum abgeben könnte. Die Todesangst des Subjekts (Thema von Alpträumen, ohne Repräsentanzen), die unmöglich zu erfüllenden Aufgaben, die den Schläfer in der größten Qual aufwecken, werden zu einem Abzählreim, mit dem man sich über die Bösen lustig machen kann. Die ambivalente Besetzung der Eltern führt beim Kind sehr früh zur Produktion von aggressiven und Todesphantasien, die sich direkt (Angst vor dem Tod der Eltern) oder indirekt (kindliche Phobien, Alpträume) manifestieren können. Trotz offensichtlicher Unterschiede gibt es eine gewisse Analogie zwischen der psychischen Aktivität, die durch Märchen hervorgerufen wird, und der Trauerarbeit, in der die Einschaltung vorbewußter Repräsentanzen dem Subjekt erlaubt weiterzuleben, ohne die primären Identifizierungen zu zerstören, die seine narzißtische Kohärenz bilden. Dieser formale Aspekt des Märchens ist ein unerläßliches Ergänzungsteil bei der Unterdrückung der Raum-Zeit-Koordinaten, das dem Subjekt erlaubt, sich im Reich seiner eigenen Träumereien wiederzufinden, ohne sich jemals wirklich in Gefahr zu fühlen. Die Geschichten von „Schneewittchen“ und von „Aschenputtel“ würden, wenn sie in der ersten Person erzählt und ihres musikalischen Aufbaus entkleidet wären, zu einer düsteren Geschichte mißhandelter Kinder. Das Zaubermärchen ähnelt eher einem „dramma giacomoso“ als einer griechischen Tragödie und auf keinen Fall einem realistischen Drama.

Wie die Opern, bringen auch die Märchen einen Schluß mit sich – der nicht irgendein „happy end“ ist. Die Schlußszene ist manchmal ebenso kurz wie die Einleitung, aber sie nimmt deren Begriffe wieder auf, sei es im übertragenen Sinn oder direkt. Zu Beginn der Geschichte aus dem Haus des Vaters gejagt, kehrt Schneewittchen am Ende wieder in ein Haus des Vaters zurück. Die Geschichte kann so oft von neuem anfangen, wie man will, und wenn das Kind lesen kann, hängt diese lustvolle Wiederholung nur noch von ihm ab. Der Held aber, der am Ende mit den Eltern der Eingangssituation gleichgestellt wird, indem er seinen Platz auf ihrer Ebene einnimmt, ist mittlerweile genauso in

Lebensgefahr wie sie. Manchmal ist genau angegeben, daß er in Frieden sehr alt wird, aber meistens wird nichts dazu gesagt. Alles ist nach dieser verrückten Geschichte wieder zur Ordnung zurückgekehrt.

Diese wenigen Bemerkungen, die sicherlich sehr unvollständig sind, haben uns schon zu der Frage zurückgeführt, die wir uns am Anfang dieser Studie stellten: Was fangen die Kinder von heute mit diesen alten Texten an? Einer Frage, die uns zum Nachdenken über die Rolle der Spielaktivitäten im Seelenleben der Kinder und der Erwachsenen führt und uns auch die besondere Wirkung der Sprachen und der Kultur auf diese Spiele in der Vorstellung betrachten läßt.

Man kann sich die psychische Entwicklung als eine von Krisen geprägte vorstellen, im Laufe derer auf eine tragische Weise Widersprüche entstehen. Zwischen diesen Krisen erlaubt die psychische Arbeit, wenn alles gut geht, die höchst unangenehmen Affekte auf Distanz zu halten, indem vermittelnde Vorstellungen, mit denen geringere Affektmengen verbunden sind, produziert werden, wodurch die psychische Kontinuität nicht infrage gestellt wird. Wenn man einem Schema folgen will, so können diese kritischen Zustände auf drei zurückgeführt werden.

Der erste liegt im zweiten Lebenshalbjahr, wenn die Abwesenheit des besetzten Objekts eine Überflutung mit unangenehmen Affekten nach sich zieht, was einmal die Kontinuität der Objektbesetzung und zum zweiten den Beginn der Fähigkeit zu lieben und zu hassen in ihrer endgültigen Form anzeigt.

Die zweite Krise zeigt sich im Untergang des Ödipuskomplexes, das heißt im unerträglichen Gegensatz von Identifizierung und Begierde.

Die dritte Krise ist durch den Einbruch der Adoleszenz gekennzeichnet, durch die Notwendigkeit, teilweise auf die halluzinatorische Wunscherfüllung zu verzichten und die Existenz des anderen zu berücksichtigen, zum einen in ihrer körperlichen Dimension, wie auch in der, daß der andere selbst Träger von Wünschen ist.

Jeder dieser kritischen Zustände ist gleichzeitig eine Errungenschaft und ein Verzicht. Damit der Verzicht nicht der Ausgangspunkt einer Erfahrung des Verlustes der Liebesfähigkeit ist, daß heißt des Objektverlustes, muß das Subjekt die Lust am Wünschen erworben haben, das heißt die Fähigkeit der sekundären Besetzung seiner eigenen Repräsentanzen. In dieser Entwicklung spielt das Interesse an den Märchen, wie später die Leselust, eine wichtige Rolle. Dies ist nicht nur die Manifestation einer relativen Entdramatisierung der Konflikte, sondern auch ein positiver Faktor, der einen günstigen Einfluß auf die Entwicklung hat.

Daß das gleiche Objekt am Ende des ersten Lebensjahres als Quelle der Lust (durch seine Anwesenheit) und der Unlust (durch seine Abwesenheit) wiedererkannt wird, schafft ein Objekt, das gleichermaßen geliebt wie gehaßt wird – und dies ist der Ursprung der Ambivalenz, deren Widerschein sich in den Märchen findet. Das ist auch der Ausgangspunkt für eine große psychische Produktion, die mit verschiedenen Begriffen gemäß den psychoanalytischen Schulen beschrieben wird, die alle ihre Bedeutung aufgezeigt haben.

Die Umwandlungen des ursprünglichen Autoerotismus erlauben dem Kind, sich mit dem abwesenden Objekt zu identifizieren, während ihm das Erlernen der Sprache und der Erwerb der Fähigkeit zur Symbolisierung ermöglichen, sich Repräsentanzen dieses abwesenden Objektes aufzubauen. Auf dem komplizierten Weg, der von den Erfahrungen der ersten Tage zu dieser ersten Krise führt, verleihen die „Fähigkeit zur Reverie auf Seiten der Mutter“, „die antizipatorische Illusion“ den elementaren Bewegungen in der kindlichen Psyche einen Sinn und führen zu der Beständigkeit der Besetzungen, die erste kritische Einbrüche nach sich ziehen, indem sie dazu beitragen, daß das Kind die Fähigkeit entwickelt, seine eigenen phantasmatischen Vorstellungen zu modulieren. Die Veränderungen in den Einschlafbedingungen sind in dieser Zeit sehr aufschlußreich. Während zu Beginn des Lebens, solange das Interesse des Kindes an seiner Mutter, wie an den anderen Menschen, periodisch unterbrochen ist, der Schlaf ohne Schwierigkeiten das zufriedene Kind überkommt, wird im zweiten Halbjahr das Einschlafen zu einer Trennung, zu einem Objektverlust, zu einem Erlebnis, das auf den Tod hinweist. Die Identifizierung mit der Mutter, der Trägerin der Illusionen, erlaubt dem Kind, einen psychischen Mechanismus zu entwickeln, um nicht auf gefährliche Weise schlaflos zu werden, und die „Fähigkeit zu träumen“, die zur Trennungsangst geführt hat, wird gleichzeitig eine psychische Aktivität, die das Kind sich aneignen kann, um diesen kritischen Augenblick zu überwinden. Aber es braucht dann auch oft die echte Hilfe der Erwachsenen. Eltern und Kinder organisieren Einschlafrituale, die die Wiegen von früher ersetzen. Sobald die Sprache ausreichend entwickelt ist, fangen die Eltern an, Geschichten zu erzählen, damit das Kind einschläft. Thema ist oft eine Umgestaltung der Gegenwart, auf die verzichtet werden muß, was eine gewisse Auswahl von Personen und Handlungen sowie die Konstanz der Erzählung nötig macht. Oftmals erträgt das Kind nicht, daß die Geschichte abgewandelt wird, da die Sicherheit, den Handlungsablauf zu kennen, die Garantie enthält, daß sich mit dem Vergehen der Nacht die ganze Welt wieder vorfinden läßt. Manchmal darf weder ein Wort noch der Tonfall der Stimme verändert werden, was an die Konstanz des von Winnicott (1951) beschriebenen Übergangsobjektes erinnert und was gleichfalls ein Prélude zur Unveränderlichkeit geschriebener Texte und zu den „Reprisen" der Märchen darstellt.

Die von den Eltern erfundenen Geschichten, die das Kind zum Einschlafen bringen sollen, beruhen manchmal auf einer Erinnerung an ihre eigene Kindheit. Dieser, die Generationen übergreifende, Effekt ist nicht zu vernachlässigen, denn indem die Eltern diesen neuen Text schaffen, zeigen sie, daß man beide Rollen spielen kann, nämlich gleichzeitig der sein kann, der beruhigt und derjenige, der vor noch nicht allzu langer Zeit das Bedürfnis hatte, selbst beruhigt zu werden. All dies läuft darauf hinaus, daß das Kind schließlich bewältigen kann, daß schlafen weder sterben noch das Verlieren der Liebesfähigkeit bedeutet.

Am Anfang können die Gute-Nacht-Geschichten vom Kind und seinen Angehörigen handeln, die ein erfundenes Abenteuer erleben, wobei nur eine minimale Veränderung der Realität notwendig ist. Eine zu große Angleichung an die eigene Familie wird aber bald schlecht ertragen, wenn sich die ersten Ansätze des ödipalen Schuldgefühls einstellen. Von diesem Augenblick an wird eine vollständigere Ausarbeitung unumgänglich, etwa mit der Klausel „Es war einmal" usw., womit versichert wird, daß es sich nicht um die Familie des Kindes handelt. Die Unveränderlichkeit des Textes, die Möglichkeit, ihn jeden Abend von neuem zu hören, bleiben die Garantie dafür, daß es nach der Nacht wieder Tag wird. Die Rückkehr zum Anfangsthema am Schluß der Geschichte verdoppelt die Bestätigung, daß die Familie nicht zerstört sein wird, daß das Haus noch stehen wird, daß die Geschichte am nächsten Morgen erzählt werden kann oder in den gleichen Formulierungen wiedergelesen werden kann.

Erst wenn das Kind ein wenig älter geworden ist, kann es sich von seinem absoluten Verlangen nach der klassischen Erzählweise freimachen und Gefallen finden an Fortsetzungsgeschichten, an Schelmenromanen oder an solchen, die in eine Serie von einzelnen Geschichten eingebettet sind und zur Veranschaulichung bedeutsamer Situationen dienen (wie in den arabischen Märchen und denen aus „Tausendundeiner Nacht").

Die Zaubermärchen haben heute keinen anderen aufklärerischen oder erzieherischen Wert, als das Kind eine besondere Lust an seiner eigenen Phantasietätigkeit entdecken zu lassen. Man möge sich nicht darüber hinwegtäuschen und die Erotik des Denkens mit der traurigen Sexualaufklärung vermischen, die aller Poesie und allem Mystischen beraubt ist.

Das ganze Leben hindurch besteht ein unerläßlicher Unterschied zwischen dem, was das Subjekt sich alles vorstellt, seinen Phantasien, die niemals dazu bestimmt sind, mit den anderen direkt ausgetauscht zu werden, und dem manifesten Inhalt des Mitgeteilten. Während der Kindheit wird zum Schutz vor dem Bewußtwerden ursprünglicher Inzestwünsche die Angst vor dem Tode geschaffen, und das führt zur Vervielfältigung der Vorstellungsinhalte. Sie wiederum sind gebunden an kleine Quantitäten von Besetzungen von Personen und Aktionen, mit denen das Subjekt spielen kann, ob sie nun von ihm selbst hervorgebracht sind oder in dem Text angeboten werden. Die Freiheit des Spiels mit den schwächer besetzten Repräsentanzen ist überdies unerläßlich für die Notwendigkeit, einen Sinn jenseits der sensoriellen Gegebenheiten und für die besonders wichtige kognitive Entwicklung zu finden. So bereiten sich die Adoleszenz und das Älterwerden in seinen unvermeidlichen Einbrüchen vor.

Die Zaubermärchen – Texte, die ursprünglich geschrieben wurden, um laut vorgelesen zu werden – gestatten die geheimsten Träumereien, indem sie ganz versteckt das Gleichgewicht der Gegenbesetzungen verschieben, ohne die Verdrängung bloßzustellen, weil sie, ohne zu genaue Illustrationen, die direkten psychischen Repräsentanzen der unbewußten Phantasien im Dunkeln lassen. So ruft der Vogelgesang bei Kindern Freude und bei einigen Erwachsenen Entsetzen hervor:

„Meine Mutter, die mich g'schlacht.
mein Vater, der mich aß,
mein Schwester, das Marlenichen
sucht alle meine Benichen ..."

Der Machandelbaum

Aus dem Französischen übersetzt von Helga Triendl, Anne Rauch und Otto Schönle

Literatur

Patte, G. (1981): Library work for children and young adults in the developing countries. (Seminar in Leipzig 1981). – München: Sauer Verlag.

Propp, V. (1975): Morphologie des Märchens. – Hrsg. v. Karl Eimermacher. Frankfurt a. Main: Suhrkamp.

Robert, M. (1978): Les Contes Grimm, Introduction. – Paris: Gallimard.

Winnicott, D. W. (1951): Übergangsobjekte und Übergangsphänomene. – In: Winnicott, D. W.: Von der Kinderheilkunde zur Psychoanalyse. München: Fischer 1983.

Märchen – eine Via Regia zum Kind im Erwachsenen

Rivka R. Eifermann (Jerusalem)

Die Absichten und der Prozeß des Schreibens dieser Arbeit

Mir schweben zwei allgemeine Ziele[1] bei dieser Arbeit[2] vor. Eines davon leitete mich von Anfang an, während das andere unerwartet beim Schreiben des Entwurfs auftauchte. Ich beginne mit einer Darstellung meines ursprünglichen Zieles und werde dann erklären, warum ich meine Arbeit erweitert habe und welches zusätzliche Ziel ich verfolge.

Meine erste Absicht in dieser Darstellung ist es, mich auf zwei Grundprobleme bei der Betrachtung von Märchen zu konzentrieren und diese zu diskutieren. Das eine bezieht sich auf die Unterschiede zwischen psychoanalytischen Deutungen eines allgemein bekannten Textes und seiner persönlichen, individuellen Bedeutungen für den Einzelnen, sowohl hinsichtlich der Inhalte als auch im Hinblick auf die Prozesse ihrer Erschließung. Insbesondere habe ich den Eindruck, daß selbst wenn die von Psychoanalytikern in ihren vielfältigen Versuchen der Deutung von Märchen konstruierten „Erzählweisen" (Spence 1982, Schafer 1983) folgerichtig, klar und umfassend sind (z.B. Fromm 1951, Brenner 1982) und selbst wenn sie oft als brauchbare allgemeine Para-

1 Eine gekürzte frühere Version der Arbeit wurde in deutscher Sprache auf dem Internationalen Symposion über psychoanalytische Betrachtungen zu Märchen im September 1985 in München vorgestellt.

2 Die in dieser Arbeit berichteten Forschungen wurden durch finanzielle Unterstützung des Sturman Center for Human Development of the Hebrew University of Jerusalem ermöglicht.

digmen oder Prototypen menschlicher Konflikte, Abwehrhaltungen, Wünsche und so weiter gelten können, solche Deutungen selten das erfassen, was Märchentexte für den Einzelnen bedeuten, bei dem die Märchen viele idiosynkratische Assoziationen und Bedeutungen, persönliche Neigungen und Betonungen wachrufen, die von einer allgemeinen Aussage nicht erfaßt werden können. Dazu kommt noch der Umstand, daß die psychoanalytischen Deutungen sich fast ausschließlich damit befassen, was Märchen für Kinder bedeuten.[3] Ich hoffe, diesen Widerstreit in gewissem Grad in dieser Darstellung aufheben zu können. Nach meiner direkten und indirekten Erfahrung (wie auch in den Beobachtungen von zum Beispiel Arlow 1969) bleiben Märchen, wenn man sie als Kind gehört hat, bis ins Erwachsenenalter erhalten (wenn auch oft in verzerrter und verdichteter Form) und beladen mit – anschaulichen – unbewußten Bedeutungen. Ein neuerliches Hören dieser Märchen im Erwachsenenalter beschwört, und zwar in besonderer Weise und Intensität, Konflikte und Abwehrhaltungen herauf, die zum Kind im Erwachsenen gehören.

Als ich mit dem Entwurf zu dieser Arbeit begann, wollte ich diese Vorstellungen anhand eines Falles zeigen: an meinen vielen eigenen Erinnerungen, Assoziationen und Einsichten (als Erwachsene), die von einem bestimmten Märchen, dem *Rotkäppchen* (Eifermann, 1987a, 1987b) hervorgerufen wurden. Außerdem schien mir auf der Grundlage meiner früheren Arbeit, daß das Märchen eher orale als die vorwiegend ödipalen Bedeutungen besitzt, die ihm in den allgemeinen Deutungen gegeben werden. Mein eigener Fall schien daher diese Deutungen nicht zu bestätigen. Beim Schreiben des Entwurfs zu dieser Arbeit konzentrierte ich mich also auf meine eigenen mit dem Märchen verbundenen Erlebnisse, die mich auf frühere Arbeiten und Notizen dazu verwiesen. Doch als ich die Notizen erneut durchsah, erkannte ich in ihnen beunruhigende Beweise, die meiner These widersprachen, und zusammen mit dieser Entdeckung kamen Assoziationen, die nicht weniger störend

3 Darnton (1984) kritisiert streng solche Deutungen auf historischer Grundlage. Er illustriert, daß frühere Varianten der Märchen einige der Grundelemente dieser psychoanalytisch orientierten Analysen nicht enthielten. Dies schließt meiner Meinung nach nicht die *Möglichkeit* aus, daß für jene, die die Märchen in den gedeuteten Versionen kennen, sie allgemeine Bedeutungen haben können.

waren. Diese unerwarteten Entwicklungen, die auftauchten und sich bei der Niederschrift des Entwurfs weiterentwickelten, führten zu Änderungen in meiner Wahrnehmung und schließlich auch zu Änderungen in der endgültigen Struktur und dem Inhalt meiner Arbeit.

Sehr vieles von dem, was mir einfiel, war emotional geladen und oft geeignet, mich aus der Fassung zu bringen; und je weiter ich mit dem Schreiben vorankam, um so mehr wurde mir deutlich, daß diese neue Sicht einiger Teile des alten Materials - verbunden mit zusätzlichen Assoziationen, Erinnerungen und Einsichten, die in mir auftauchten –, die allgemeinen Deutungen eher unterstützte als daß sie diese widerlegte. Denn obwohl das jetzt in Verbindung zum *Rotkäppchen* auftauchende Material persönlich und oft idiosynkratisch war, hatte es jetzt unmißverständlich ödipale Züge. Während also meine allgemeine Auffassung über die reichhaltigen und verschiedenen persönlichen Bedeutungen von Märchen und ihr Überleben beim Kind im *Erwachsenen* von meinen Funden unterstützt wurde, enthüllte das neu entdeckte Material den unerwarteten Beweis zur Unterstützung der ödipalen Deutung, statt sein (universelles) Vorhandensein zu widerlegen.

Ein zweites Ziel der Arbeit in ihrer endgültigen Form ist es, diese Entwicklung in ihrer „historischen" Perspektive, wie sie geschehen ist, darzustellen. So enthält die Arbeit zusätzlich zu ihrem ursprünglichen Zweck, „mein" *Rotkäppchen* und seine Ableitungen zur Illustration des Reichtums persönlicher Bedeutungen darzustellen, die mit einem Märchen im Erwachsenenalter verbunden werden, nun also ein Stück Selbstanalyse sowie die Ergebnisse, zu denen sie führte - eine Analyse, die auf einer neuen Sichtweise meiner eigenen Texte basierte. Wenn ich den Lesern einen Bericht über den Verlauf dieses Stückes von psychoanalytischer Suche gebe, so hoffe ich, damit die unkontrollierte und unvorhergesehene Natur des Prozesses meiner Entdeckungen zu zeigen: wie und wo ich über sie „stolperte" und wie ich (unbewußt) versuchte, sie zu umgehen und zu vermeiden, ihre eigentliche Bedeutung für die These zu erkennen, die ich vorzutragen meinte.

Im ersten Teil dieses Aufsatzes zeige ich den Blickwinkel beim Beginn der Niederschrift meines Entwurfs, wobei ich Beispiele von drei Autoren angebe, die einen symbolisch orientierten, universalistischen Zugang zu Märchen im allgemeinen und zu *Rotkäppchen* im besonderen vertreten und dabei ihre Wichtigkeit und Bedeutung für Kinder betonen. Ich wende mich dann meiner eigenen Lebensgeschichte zu und beschreibe meine frühe mit dem *Rotkäppchen* verbundene Selbstwahrnehmung, wie ich sie in meinen früheren Aufsätzen (1987a und 1987b) gezeigt habe. Im zweiten Teil dieser Arbeit beschreibe ich zunächst die Art und Weise wie ich mir selbst gegenüber Rechenschaft ablege, wobei ich erkläre, warum ich sie für so wichtig halte, um sie hier ausführlich zu erörtern. Der Rest der Arbeit ist einer Darstellung des Entfaltungsprozesses meiner weiteren inneren Entdeckungen gewidmet, Entdeckungen, die sowohl zu Änderungen in meiner Selbstwahrnehmung als auch zu Änderungen meiner These führten.

Der universalistische im Gegensatz zum persönlichen Ansatz bei Märchen

Fromm (1951) sagt in seiner Analyse des *Rotkäppchen:*

> „Der größte Teil der Symbolik in dem Märchen kann ohne Schwierigkeit verstanden werden. „Ein Käppchen von rotem Sammet“ ist ein Symbol der Menstruation. Das kleine Mädchen, von dessen Abenteuern wir hören, ist zur jungen Frau herangereift und sieht sich nun mit dem Problem der Sexualität konfrontiert. Die Warnung „lauf nicht vom Weg ab, sonst fällst du und zerbrichst das Glas“ ist ganz deutlich eine Warnung vor den Gefahren der Sexualität und dem Verlust der Jungfräulichkeit ...“ (240).

Was Fromm für die offenkundigen und eindeutigen Schlüsselwörter in dem Märchen hält, sind genau diese Worte, die Bettelheim (1976) in seinem Zitat derselben Stelle ausgelassen hat: „ ‚... geh hübsch sittsam und lauf nicht vom Weg ab [sonst fällst du und zerbrichst das Glas, *und die Großmutter hat nichts*‘]“ (171, Hervorhebung von mir), wenn er sich auf Rotkäppchens Mutter bezieht, die Rotkäppchens Neigung, vom rechten Weg abzukommen, offenbar kennt. Die Tatsache, daß sowohl Fromm als auch Bettelheim die Worte „und die Großmutter hat nichts“ ausgelassen haben, brachte mich zusammen mit anderen Gesichtspunkten dieser Interpretation auf den Gedanken, daß ein derartiger Umgang mit dem Text mehr über die Interpreten als über die vermeintlich allgemein verbindlichen Wesenszüge der Märchenerzählung aussagt (Eifermann, 1987b. Ähnliche Beobachtungen habe ich in bezug auf Spiele gemacht, Eifermann, 1987c.). Von solchen Überlegungen her führte ich in meinen Anmerkungen aus, daß der große Reiz von Sagen und Märchen vielleicht weniger in deren universellen, volkstümlichen Bedeutungen liegt als in dem Reichtum und der Bedeutungsvielfalt, die es jedem erlauben, dem Märchen jeweils einen persönlichen und einzigartigen Sinn zu geben. In der Tat sagt auch Bettelheim in seiner Darstellung einer mehr oder weniger zusammenhängenden Deutung des Märchens vom Rotkäppchen, das innerhalb einer ganzen Reihe von Märchen der Brüder Grimm steht, von denen jedes einzelne jeweils für eine bestimmte Altersgruppe geeignet ist – Bettelheim sagt also:

„Alle guten Märchen haben eine Bedeutung auf vielen Ebenen: nur das Kind kann wissen, welche Bedeutungen für es im Augenblick wichtig sind" (1976, 169).

Diese Meinung wird nicht von Brenner (1982) vertreten, der in neuerer Zeit gesagt hat:

„Die meisten Volksmärchen schildern in verschlüsselter Form, aber dennoch leicht verständlich, die Befriedigung der ödipalen Triebabkömmlinge. Für Kinder bedeuten Märchen gebrauchsfertige, wunscherfüllende Tagträume, die die ödipalen Triebabkömmlinge jedes Kindes befriedigen. Es fällt schwer, ihre anhaltende Beliebtheit auf anderer Basis zu erklären.

Überdies sind, wie es auch zu erwarten ist, Volksmärchen nicht bloße Schilderungen von Triebbefriedigung. Gebrauchsfertige Tagträume enthalten ebenso wie individuelle Träume Elemente, die auch in anderen Konfliktkomponenten festgestellt werden können. Angst, depressiver Affekt, Abwehrhaltung und Überich-Tätigkeit sind so offensichtlich, daß sie nicht mißverstanden werden können" (232–233).

Außerdem behauptet Brenner:

„... das, was man heute für Volksmärchen hält, sind jene anonymen Erzählungen, die hauptsächlich auf Kinder und kindliche Erwachsene einen Reiz ausüben" (232).

Meiner Erfahrung nach gibt es jedoch eine Unmenge von solchen „kindlichen Erwachsenen", denn jedesmal, wenn ich beginne, ein einzelnes Märchen zu erörtern (bei gesellschaftlichen Anlässen etwa oder in Universitätsseminaren), lassen sich die Leute voller Eifer darauf ein. Tatsächlich brechen oft sehr engagierte und sogar hitzige Debatten über die „richtige" oder „genaue" Version eines bestimmten Märchens aus. Es zeigt sich schnell, wie beschäftigt die Menschen immer noch mit den Aspekten der Märchen ihrer eigenen Kindheit sind - selbst wenn diese vermischt, verwirrt oder nur teilweise erinnert werden - und wie sehr sich bei solchen Anlässen das Kind im Erwachsenen regt und zum Vorschein kommt.

Dies ist auch meine eigene Erfahrung. In einer früheren Arbeit (Eifermann, 1987b) stellte ich einen Teil einer Selbstanalyse in Bezug auf Rotkäppchen vor und veranschaulichte darin einige der persönlichen, idiosynkratischen Bedeutungen, die das Märchen für mich hat und wie das Kind in mir evoziert wurde, als ich mich mit dem Märchen beschäftigte: Durch meine [kindliche] Wahrnehmung von Rotkäppchens Mutter waren meine Gefühle des Zorns und der Rache gegenüber meiner verinnerlichten, in diesem Kontext so erlebten Mutter wachgerufen worden. Obwohl die Mutter im Märchen nur eine Nebenfigur ist (ich habe in meinen Untersuchungen entdeckt, Eifermann, 1987a, daß sie oft vollständig weggelassen wird, wenn Studenten das Märchen aus dem Gedächtnis rekonstruieren), schien sie in meinem Fall von zentraler Bedeutung zu sein (abgesehen von Rotkäppchen selbst), und sie war (unbewußt) stark mit meiner eigenen Mutter verbunden. Um dies zu veranschaulichen, erzählte ich in jener Arbeit ein Ereignis aus meiner Kindheit, das mir in Verbindung mit dem *Rotkäppchen* widerfuhr.

In jenem Erlebnis hatte mich meine eigene Mutter (ähnlich wie Rotkäppchens Mutter in dem Märchen der Brüder Grimm) losgeschickt, voll Vertrauen und unvorbereitet sollte ich Versuchung und Gefahr allein gegenübertreten. Aber während Rotkäppchens Versuchung und Gefahr mit dem Wolf zusammenhingen und damit, von ihm verschlungen zu werden, entdeckte ich in meinen Assozationen, daß meine Versuchung und Gefahr in Verbindung standen mit dem Schlucken (der verführerischen, aber gefährlichen Nahrung meiner Mutter, Eifermann, 1987b). Diese Verbindungen mit dem Schluckvorgang waren keine isolierten Assoziationen, die sich lediglich auf dieses eine Vorkommnis bezogen. Ganz im Gegenteil führten mich meine Assoziationen zu vielen Erlebnissen, Erinnerungen und Erzählungen, die einen ähnlich starken Beigeschmack für mich hatten.

Es war diese Fülle von Material, in dem sich Rotkäppchens „Verschlucktwerden“ in (oftmals mein) „Schlucken“ verkehrte, die als ein klarer Beweis für die eher personalisierten als universellen unbewußten Bedeutungen von Märchen erschien. Im folgenden Abschnitt bringe ich einiges von diesem Material, wie ich es in meiner früheren Arbeit dargelegt habe.

„Die Schluckerin", wie sie in meiner früheren Arbeit gezeigt wurde

In der Analyse, die ich zu Aspekten des Märchens vom Rotkäppchen unternommen hatte (Eifermann, 1987a), beschreibe ich die Begegnung mit dem Wolf, der in Großmutters Bett liegt, wie folgt:

Die Originalfassung des Grimmschen Märchens (1819) besagt, daß Rotkäppchen, als es die Vorhänge an Großmutters Bett beiseite gezogen hatte, eine Großmutter antraf, die „sehr wunderlich" aussah": „Ei, Großmutter", rief es, „was hast du für große Ohren!" und als es die freundliche Antwort bekommt: „Daß ich dich besser hören kann", fragt es weiter: „Ei, Großmutter, was hast du für große Augen!" – was nur zu einem weiteren bangen Nachfragen führt: „Ei, Großmutter, was hast du für große Hände!", was ein „Daß ich dich besser packen kann" hervorruft. Das Kind, das an dieser Stelle höchst entsetzt ist, verlangt beharrlich und anscheinend verzweifelt nach Beruhigung. „Aber, Großmutter, was hast du für ein *entsetzlich* großes *Maul!* [Hervorhebungen von mir]. „Daß ich dich besser fressen kann" kommt als Antwort. Und, so fährt das Märchen fort: „Kaum hatte der Wolf das gesagt, so tat er einen Satz aus dem Bette und verschlang das arme Rotkäppchen."

In den vielen verschiedenen Zeichnungen der „Großmutter" im Bett, die ich geprüft habe, ist der im Bett liegende Wolf ganz unverkennbar. Und Kinder, die diese Zeichnungen betrachten, erkennen ihn auch ohne Zögern. Daher ist es Rotkäppchens *Verleugnung* der „Realität", die es vor sich sieht (wenn wir einmal Bild und Märchen zusammennehmen), welche es dazu treibt, Hilfe und Beruhigung bei eben der Quelle seines Schreckens zu suchen – und genau das besiegelt Rotkäppchens (zeitweiliges) Schicksal.

In einer späteren Arbeit (Eifermann, 1987b) entdeckte ich, daß meine Deutung von Rotkäppchens Verhalten (mit den Begriffen von Verleugnung als Abwehr) mit einem persönlichen Kindheitserlebnis in Beziehung stand und zwar einem, das mir eingefallen war, als ich zu Bettelheims Deutung Anmerkungen machte – obwohl mir damals nicht auffiel, welche Bedeutung jenes Erlebnis für mich hatte. Hier nun die Einzelheiten, wie ich sie in jener Arbeit beschrieb:

Es geschah in einem meiner Doktoranden-Seminare über Traumdeutung (Eifermann, 1984), daß der Traum einer meiner Studentinnen, an Rotkäppchen erinnernd, in mir ein bewußtes Interesse an dem Märchen auslöste. Ich las es dann im Original und später Bettelheims (1976) Deutung. Als ich mir ein paar Dinge zu dem Märchen aufschrieb, spürte ich immer stärker, daß das Kind in mir immer noch damit beschäftigt war - eingekapselt und unberührt, wie es das Märchengeschehen viele Jahre lang gewesen war - und daß es viele seiner frühen unbewußten Assoziationen und Bedeutungen enthielt. Dennoch blieben, da ich den Märchentext (und nicht mich) analysierte, diese Assoziationen großenteils verborgen. Ich machte mir gerade einige Notizen über Bettelheims deutende Ausführung, als mich wie ein Blitz traf, daß Rotkäppchens Verhalten gegenüber dem Wolf im Bett der Großmutter „genau meine Tümmel-Geschichte ist!“ Tümmel, so habe ich als kleines Mädchen das Wort Kümmel ausgesprochen, und ich spielte damit auf ein Ereignis in meiner frühen Kindheit an, das von Mutter oft erzählt wurde. Ich hielt nicht inne, um die persönlichen Bedeutungen und Auswirkungen meiner Entdeckung zu überdenken, weder damals noch als ich sie in dem Versuch anwendete, eine zusammenhängende Narrative von Rotkäppchens Verhalten zu erstellen.

In meiner Kindheit hatte ich meine Mutter oft meine Tümmel-Geschichte erzählen hören, und manchmal bat ich sie, sie mir zu erzählen, da sie mir immer viel Spaß machte und mich mit Stolz erfüllte: Mutter erzählte sie mit Wärme und Freude, was bedeutete, daß ich ein süßes kleines Mädchen war. Als ich ihr die Geschichte vor ein paar Jahren meinerseits erzählte, korrigierte meine Mutter meine Erinnerung (der Geschichte oder des Ereignisses - ich weiß es nicht mehr) an zwei Stellen, auf die ich später zurückkommen werde. Hier ist nun meine Tümmel-Geschichte:

Ich war (drei oder vier Jahre alt) gerade aus dem Haus gekommen, um zum Kindergarten zu gehen. Ich öffnete meine lederne Essenstasche, die um meinen Hals hing und wickelte das hübsch verpackte Butterbrot aus, das Mami mir für heute gemacht hatte. (Ich erinnere mich, wie diese Neugierde sich in Vorfreude auf den Genuß eingestellt hatte, denn was meine Mutter zum Essen herrichtete, sah verlokkend aus und schmeckte gut.) Bei genauerem Hinsehen bemerkte ich plötzlich etwas auf dem Brot und rief: „Mami tomm! Schau, was auf dem Brot ist!“ (Dort war ein kleines Insekt.) Meine Mutter kam, schaute und sagte: „Das ist nichts, das ist nur ein Kümmelkorn.“ (Es handelte sich um Kümmelbrot.) Sie wandte sich ab, aber ich schrie alsbald: „Mami, Mami, tomm snell, der Tümmel tann laufen!“ Die Parallele zu „Aber *Großmutter,* was hast du für ein entsetzlich großes *Maul*!“ (Hervorhebung von mir) erscheint überwältigend.

Bevor ich an *Rotkäppchen* zu arbeiten begann, hatte ich von meiner eigenen Tümmel-Geschichte bewußt nur die Wärme und Freude meiner Mutter beim Erzählen in Erinnerung behalten. Durch die indirekte (Wieder-)betrachtung des Verhaltens eines „anderen“ kleinen Mädchens kam es dazu, daß ich, als Erwachsene, plötzlich und immer noch indirekt eine neue Einsicht in meine eigene Geschichte gewann. Vielleicht konnte das tatsächlich nur dann geschehen, wenn die Auswirkungen auf mich selbst unprovoziert blieben: Denn damals stand Rotkäppchen in meinem Kopf an erster Stelle, und ich hielt nicht inne, um meine persönliche Entdeckung weiterzuverfolgen. Meine eigene Geschichte diente bloß als ein Mittel, um neue

Einsichten in Rotkäppchens Verhalten zu gewinnen. Wie ich deutete, war es seiner Mutter äußerst gehorsam, *mußte* die Dinge durch die Augen seiner Mutter sehen, und da die Mutter ihm aufgetragen hatte, die Großmutter zu besuchen (und keinen Wolf erwähnt hatte), so *mußte* es einfach die Großmutter sein, die in ihrem Häuschen im Bett lag. Dies war eine Parallele zu meiner Wahrnehmung des Insekts als Kümmelkorn. Damals drang jedoch nicht in mein Bewußtsein, daß die Art, wie ich meine Mutter in diesem Zusammenhang wahrnahm und meine unbewußten Motive, ein Insekt als Tümmel anzusehen, wenigstens zum Teil jene waren, die ich in meiner Analyse Rotkäppchen zugeschrieben hatte.

Als ich meine Erinnerung an die Geschichte vor ein paar Jahren meiner Mutter erzählte, sagte sie, daß sich das alles zuhause zugetragen hatte und keine Essenstasche im Spiel gewesen wäre. Meine Rekonstruktion, daß ich von meiner Mutter weggeschickt worden sei und zwar mit Nahrung (in einer Tasche), läßt vermuten, daß ich die Geschichte von Rotkäppchen schon recht früh in meinem Leben mit meiner eigenen verband.

Die bedeutungsvolle Episode in meinen Notizen, in der die Verbindung als plötzliche Einsicht auftauchte, heißt folgendermaßen: „... vom Hauptweg abweichen von Mutter zu Großmutter" [in dieser Weise bezog ich mich auf Rotkäppchens *Un*gehorsam, als es vom Weg abwich, um Blumen für die Großmutter zu pflücken] (Es ist von Bedeutung, daß auf Hebräisch, der Sprache, in der ich meine Notizen machte, mein Ausdruck *em-hadérech:* „Hauptweg" soviel bedeutet wie „Mutter-Weg". Ich hatte den Ausdruck gewählt, ohne daß mir seine Hintergründe bewußt waren, die ich tatsächlich deutlich gemacht hatte, als ich fortfuhr mit:)

„Die Gefahr liegt [nicht im Abweichen vom Weg, sondern] genau gesagt im *Zurückkehren* zu diesem Pfad des absoluten Gehorsams gegenüber der Mutter [sobald Rotkäppchen wieder in Übereinstimmung mit den Anweisungen der Mutter handelte]. Dann *mußte* es die Großmutter sein, die im Bett lag [da es niemand anderer als die Großmutter war, zu der die Mutter es geschickt hatte]. Rotkäppchen konnte sich nun nur noch wundern, wie seltsam „Großmutter" aussah. *Das ist genau meine Tümmel-Geschichte!*"

Ich stellte weitere ausgiebige Überlegungen darüber an, wie verwandt meine persönliche Geschichte mit meiner Erinnerung an das Märchen vom Rotkäppchen war und schloß daraus:

> Eingekapselt und konserviert in meiner unbewußten Version vom *Rotkäppchen* blieben *unter anderem* Aspekte meiner Mutter, die ich nicht nur als „oftmals beschützend und liebevoll" internalisiert hatte, sondern auch als die Mutter, die mich ganz unvorbereitet wegschickte und mich grausam einem höchst furchterregenden Wolf (Insekt) aussetzte, der mich vielleicht verschluckte, das ich verschlucken könnte [keine Hervorhebung im Original].

Als ich die gerade zitierte Episode schrieb, dachte ich daran, wie das kleine Insekt mir ebensoviel Schrecken einjagen konnte wie ein großer Wolf (und in diesem Sinn von ihm repräsentiert werden konnte), und daß sich außerdem in meinem Verstand eine Art Umdenken vollzogen hatte, in der die Bedrohung, verschluckt zu werden wie im Märchen, sich in meinem Fall in ein Schlucken verwandelt hatte. Obwohl mir bewußt war, daß ich erst ein paar Aspekte meines mit dem Märchen verbundenen Erlebnisses in den Griff bekommen hatte (und vorsichtig genug war zu sagen, daß es neben dem von mir Beschriebenen noch *„anderes“* gab), dachte ich damals nicht an irgendein Erlebnis, eine Phantasie oder eine andere Geschichte zum Thema „Verschlucktwerden“, noch hatte ich in meinem Entwurf zu der gegenwärtigen Arbeit etwas Derartiges im Sinn.

Doch im Lauf der wiederholten Durchsicht des Entwurfs meiner früheren Arbeit, entdeckte ich zu meinem Erstaunen und großen Unbehagen darin eine Erinnerung, die mit einem Wunsch nach und einer Angst vor dem „Verschlucktwerden“ verbunden war. Als der Fluß meiner Assoziationen anhielt, entdeckte ich, daß es schon in den Anmerkungen des Entwurfs Anzeichen dafür gab, daß ich, ohne daß es mir bewußt war, in meinem Erinnern selektiv vorging. Der klassischen Deutung eingedenk, sagte ich an dieser Stelle: *„Rotkäppchen* ‚spricht zu mir‘ nicht vor allem durch den Wolf ...“ [mit den drei Punkten gedachte ich mir die Mühsal zu ersparen, auf solche Dinge einzugehen wie: „das heißt auf ödipaler Ebene, im Hinblick auf inzestuöse Strebungen und sexuelle Versuchungen, mit ihren Freuden und Gefahren.“ Ich erinnere mich deutlich, daß ich dachte, ich sollte dies für künftige Anmerkungen herausfinden, doch irgendwie wollte ich nicht „zwanghaft“ sein und war auch zu ungeduldig, um die Aufgabe durchzuführen – und obwohl ich meiner Abgeneigtheit „argwöhnisch“ gegenüberstand, setzte ich weiterhin drei Punkte und sagte damit „etcetera“].

Im Rückblick scheint es, daß ich unbewußt von einem Thema Abstand hielt, dessen Tragweite für mich ich damals in jenem Zusammenhang verleugnen, ja sogar aktiv zurückweisen mußte.[4]

Als ob ich auf einer bestimmten Ebene gewahr wurde, daß Hilfe von außen ein Weg sein könnte, den blinden Fleck zu erkennen, fuhr ich

4 Weitere diesbezügliche Einsichten sowie andere latente Aspekte der vorliegenden Arbeit finden sich in einer darauf folgenden Veröffentlichung (Eifermann, 1987d).

dann in der Tat fort: „Es ist möglich, daß in der Analyse zu einem geeigneten Zeitpunkt und unter Berücksichtigung verschiedener Anzeichen [die der Analytiker dem hätte entnehmen können, was und wie ich es sagte und was ich ausließ etc.] der Analytiker mich an diesen Aspekt hätte heranführen können. Doch während ich dies ausdrücklich sagte, ignorierte ich es und fing an, meinen Fall als Negativbeispiel für die ödipale Deutung darzustellen. Es dauerte (mit Unterbrechungen) eine weitere ganze Woche, bis die Anmerkungen und der Entwurf dieses Aufsatzes geschrieben waren (in dem ich mich hauptsächlich über meine immer noch sehr lebendigen Erlebnisse und Märchen der Kindheit ausließ, die sich auf mich als idiosynkratische „Schluckerin" bezogen), bevor – gegen meinen Willen und im Gegensatz zu der Theorie, die ich entwickelte – die Freuden und Bedrohungen, die weiterhin in den Erinnerungen an mich als „Geschluckt-Werdende" auftauchten, so mächtig wurden, daß ich ihre besondere Bedeutung für mich nicht länger ignorieren konnte.

An dieser Stelle wurde mir wieder einmal klar, daß selbst die bedeutendsten Grundpositionen der psychoanalytischen Theorie, wenn sie lebendige statt automatisch angewandte Hypothesen sein sollen, immer wieder jeweils neu entdeckt werden müssen. Denn im besonderen der Analytiker (in diesem Fall ich selbst) muß ihre Anwendbarkeit in seinem oder in ihrem eigenen Fall wiederentdecken und zwar nicht nur einmal, sondern immer wieder, aus verschiedenen Blickwinkeln, in unterschiedlichen Zusammenhängen und oft genug dem starken inneren Widerstand trotzend, der viele Gestalten annehmen kann (darunter zum Beispiel, wie in meinem Fall hier, die Abwehr des Persönlichen als gegen eine stereotypisierte universalistische Deutung gerichtet). Der Märchenkontext, der eingekapselt, konserviert und oft seit der Kindheit unberührt geblieben ist, ist in der Regel eine besonders ergiebige Quelle, um das Kind im Erwachsenen wiederzuentdecken. Ich werde den Rest meiner Arbeit dem erneuten Verfolgen der Spur widmen, die mich wieder an diesen Punkt brachte.

Ich werde jetzt diesen Bericht seinem Wesen nach beschreiben und erklären, warum ich diese Form der Darstellung wählte.

Der Prozeß des Erschließens

Die folgenden Abschnitte dieser Arbeit bestehen aus einer Durchsicht meines Entwurfs dazu und einigen Notizen, die ich zuvor und währenddessen machte, in denen ich die Entwicklung dieses Entwurfs beschrieb und kommentierte. Damit verbunden sind weitere Einsichten, Erinnerungen und Beobachtungen, die während des Berichtens aus dem Gedächtnis oder aus Notizen auftauchten. Ich habe diesen Prozeß des Überprüfens niedergeschrieben und stelle ihn hier so dar, wie er sich entfaltete. Da ich mit Unterbrechungen eine ganze Woche lang mit diesem Prozeß des Erschließens aktiv beschäftigt war, enthalten spätere Abschnitte auch Hinweise auf frühere Teile, eine Tatsache, die eine bereits komplexe Struktur noch komplexer macht.

Ich habe nichtsdestoweniger die Dinge so gelassen, wie ich sie niedergeschrieben habe, in der Hoffnung, daß diese Form der Darstellung mir erlauben wird, gemeinsam mit meinen Lesern die „entwicklungsbezogene", „historische" Perspektive dessen, was ich zu sagen habe, zu teilen, einschließlich einiger gefühlsmäßig-erlebnishafter Aspekte. Denn ich glaube, daß dies die beste Möglichkeit ist, die Kraft der Überzeugung und Gewißheit, die die Ideen, die ich formuliert habe, bis heute für mich haben, zu vermitteln und vielleicht sogar evident zu machen,warum dies so ist.

Bevor ich weiter erörtere, warum ich solch eine ausführliche Darstellung für notwendig halte, will ich beschreiben, wie der Bericht geschrieben wurde und was er enthält. Während der Woche, in welcher ich meinen Entwurf überprüfte, setzte ich mich an die Arbeit, wann immer die Zeit es erlaubte. Wenn ich den Bericht, wie hier geschehen, in Abschnitte unterteilt habe, so sind dies Bezugspunkte für die Bequemlichkeit des Lesers, und sie decken sich nicht unbedingt mit meinen „Arbeitssitzungen". Zwischen meinen „Sitzungen" und normalen psychoanalytischen Sitzungen gibt es Ähnlichkeiten, aber auch offensichtliche Unterschiede. Auf einige von ihnen, die in meiner Darstellung immer wieder auftauchen, werde ich hinweisen.

Ebenso wie ein Patient in einer Sitzung spricht, so schrieb ich in meinen „Sitzungen" alles, was mir in den Sinn kam, nieder. Ich vermerkte auch, wenn ich unterbrach, um mir einen Kaffee zu machen oder auf die Toilette zu gehen. Solche Tätigkeiten zogen meine Aufmerksamkeit beim Schreiben weiter auf sich, weil damit verbundene Gedanken und Gefühle mich weiterbeschäftigten, sobald ich wieder über meiner Arbeit saß (z. B. Gedanken, warum ich aufgestanden war, um mir etwas zu essen zu machen, wie ich es gerade getan hatte). Diese Umstände sind mit jenen vergleichbar, die ein Patient herstellt, wenn er in einer Sitzung plötzlich etwas tut (z. B. seine Schuhe auszieht) und sich dann darüber Gedanken macht.

Ebenso wie Verbalisierungen in psychoanalytischen Sitzungen habe ich Ideen, die mir zu anderen Zeiten als in meinen „Sitzungen" in den Sinn kamen, nur insoweit aufgeschrieben, als sie mir während einer „Sitzung" *wieder einfielen*. Zum Beispiel erinnerte ich mich in einer meiner „Sitzungen", daß mir, während ich im Halbschlaf lag, Gedanken an den Tod meines Großvaters kamen – der im Schlaf starb –, und dies schrieb ich auf. Diese Gedanken hatten zu der Zeit mit ödipalen Phantasien zu tun und die dabei gewonnene Einsicht kehrte in der „Sitzung" wieder, als ich mich mit meinen Schuldgefühlen und ihrem ödipalen Sinn auseinandersetzte. Im Gegensatz dazu entzogen sich mir andere Gedanken, die außerhalb meiner „Sitzungen" ständig auftauchten, wenn ich bei der Arbeit war, selbst wenn der Zusammenhang höchst relevant war. Ich erinnerte mich zum Beispiel, daß meine Großmutter mich mit großem Vergnügen immer wieder zitierte, nämlich daß ich energisch gesagt hatte: *„ich p'obier es nicht mal"*.[5]

Diese Erinnerung kam mir nicht wieder zu Bewußtsein, während keiner meiner „Sitzungen", obwohl (oder weil) ich in einer davon – während ich aus meinem Entwurf abschrieb und mir Gedanken darüber machte – ausführlich niederschrieb, wie gehorsam ich ein von meiner Großmutter serviertes Gericht aß, obwohl es mich ekelte.

Während der Niederschrift sowohl meines Entwurfs als auch meines Berichtes über mein Vorgehen, bewegte ich mich zwischen der Rolle des Beobachters und der des Beobachteten hin und her. Solche wechselnden Standpunkte vom Beobachter zum Objekt der Beobachtung sind bekannt für die wechselnden Positionen des Analysanden in der

5 Auf eine Speise bezogen (A. d. Ü.).

analytischen Situation. Doch hatte ich, im Gegensatz zur klinischen Situation, in meiner Arbeit konstante Bezugsrahmen, zu denen ich immer wieder zurückkehrte. Beim Schreiben meines Entwurfs waren dies meine frühere Arbeit und die Notizen dazu, und im Endstadium meiner Arbeit der Entwurf und weitere Notizen. In beiden Stadien ging ich an das Material, mit dem ich arbeitete – das Ergebnis meiner früheren Arbeit – als Analytiker heran, „hörte zu", was ich in meinen geschriebenen Berichten „gesagt" hatte. Dies machte es mir, trotz der Praekonzepte, die diese Berichte enthielten, möglich, in ihnen ausgesprochene und unausgesprochene Themen ebenso zu erkennen wie emotionelle Untertöne, deren ich mir zur Zeit der Niederschrift nicht bewußt gewesen war. Im Verlauf dieser erneuten Durchsicht wurden zusätzliche Erinnerungen, Assoziationen und Gefühle ausgelöst, und ich gewann neue Einsichten.

Während ich beim Schreiben des Berichts über den Prozeß des Erschließens meinem Entwurf auf seiner „historischen" Route folgte, war meine Bearbeitung des früheren Materials zur Vorbereitung des Entwurfs, viel lockerer und mehr assoziativ. Sie war selektiv in dem Sinn, als ich an dem arbeitete, was mir „ins Auge fiel" oder an Material, das geschrieben zu haben ich mich erinnerte, und nun neugierig untersuchen, erweitern wollte usw. Ich glaube, daß es genau diese Freiheit ist, die ich mir selbst gewährte, – zu suchen und einem Verlauf zu folgen, der nicht genau geplant war, noch einmal meinem eigenen Material „zuzuhören", – die mich befähigte, trotz meiner Praekonzepte über den Inhalt des Materials, neue Aufschlüsse darüber zu erlangen.

Beim Schreiben des Entwurfs oder meines Berichts wäre es mir unmöglich gewesen zu entscheiden, welche der Assoziationen, Ideen, Erinnerungen usw., die mir in den Sinn kamen, nur als Bindeglieder fungieren würden und welche sich im nächsten Augenblick als endgültige Schritte zu einem neuen Wendepunkt oder einer Entdeckung erweisen würden. Erst im Rückblick kann man jene Teile des Materials, die bewirkten, daß es plötzlich „klick" machte und eine Einsicht möglich war, von jenen unterscheiden, die ohne Zusammenhang, „trivial" oder bis zum Ende einer Arbeit überflüssig bleiben. Doch alle sind Teil des Prozesses, und ich glaube, je vollständiger der Prozeß dargestellt wird, desto klarer wird beim Lesen, daß es undenkbar ist, daß ich bei meiner

Suche absichtlich den schwierigen Weg gegangen oder daß ich mit rationalen Mitteln zu den unerwarteten (und unbewußt unerwünschten) Entdeckungen gelangt bin, wie ich es tat.

Ich möchte in diesem Zusammenhang hinzufügen, daß ich das strenge Festhalten Sloanes (1979) oder wie erst kürzlich Grinsteins (1986) an Freuds (1900) Empfehlungen, die er in seiner Analyse des Irma-Traumes verdeutlicht, nie verstanden habe, daß in der Traumdeutung der Traumbericht den Assoziationen vorangehen sollte, daß er in (niemals definierte) „einzelne Teilstücke" unterteilt oder „zerstückt" werden sollte, und daß Assoziationen zu jedem einzelnen Stück erfolgen sollten (1900,108). Sicherlich steht ein solcher puristischer systematischer Ansatz im Gegensatz zu allen Empfehlungen Freuds, im Hinblick auf unsere Bemühungen, so weit als möglich „freie" Assoziationen hervorzubringen oder mit „gleichschwebender Aufmerksamkeit" zuzuhören. Tatsächlich tendiert Freud in der späteren Analyse seiner eigenen Träume, wie zum Beispiel dem Traum von den „drei Parzen" (1900,210ff) dazu – während er immer noch mehr oder weniger streng zwischen dem „eigentlichen" Traumbericht und seiner übrigen Analyse unterscheidet – sein eigenes früheres, systematisches Modell des Irma-Traumes zu ignorieren und stellt eine vollständige Mischung von Assoziationen, Kommentaren, Traumgedanken und sogar Deutungen vor.

Solch eine Mischung verschiedener Ebenen ist viel typischer für echte analytische Arbeit. Ohne Zweifel, verlangt in dieser „rohen" Form präsentiertes Material von seinen Lesern einen beträchtlichen Grad an Aufmerksamkeit. Doch da es nicht redigiert ist, bietet es ihnen die Möglichkeit der Überprüfung statt Schlußfolgerungen, die sie guten Glaubens akzeptieren müssen.

Mein hier vorgestellter Bericht über den Prozeß des Erschließens ist nicht ganz vollständig. Teile des Entwurfs sind um der Kürze willen zusammengefaßt. Aus demselben Grund habe ich einige kurze Hinweise, die im Entwurf auftauchten, weggelassen, da sie, um verstanden zu werden, ausgiebige Ausarbeitung erfordert hätten. Ich bin mir jedoch bewußt, daß die Zweckmäßigkeit diese Schritte nicht völlig erklärt und jede Auswahl die Wirklichkeit entstellt. Überdies habe ich in einem Fall aus Selbstschutz einen kurzen Hinweis weggelassen, der weitere

Bloßstellung erfordert hätte. Doch glaube ich, daß Entstellungen dieser Art auch für „Sprechsitzungen" charakteristisch sind. Wenn sie nicht zu häufig vorkommen oder gar vorherrschen, geht die produktive Arbeit dennoch weiter, und solche Vorkommnisse werden allmählich entdeckt und analysiert. Dennoch glaube ich, daß ein vollständiger Bericht über die erneute Durchsicht meiner Arbeit die Wege meiner Entdeckungen noch klarer und deutlicher gemacht hätte.

In meinem Bericht über mein Vorgehen führe ich verschiedene kurze Notizen, die ich am Rand des Materials gemacht hatte, weiter aus und verdeutliche sie. Ich arbeite auch Feststellungen aus, die ich ursprünglich im Telegrammstil geschrieben hatte oder Sätze, die ich unvollständig gelassen hatte, und ähnliches. Diese Ausarbeitungen sind notwendig, um mein Material meinen Lesern verständlich zu machen. Die Notwendigkeit solcher Ausarbeitungen wird unter Psychoanalytikern in größerem Maße anerkannt (Spence, 1984), wenn man klinisches Material wörtlich vorlegt, auch wenn das Ausmaß eines solchen Unterfangens innerhalb des klinischen Rahmens fast unüberwindbare Schwierigkeiten mit sich bringt. Stoller (1985) – der, so weit ich weiß, den Begriff der psychoanalytischen „Suche" geprägt hat, anstelle von „Forschung" – zieht im Hinblick auf das Berichten über den Prozeß der psychoanalytischen Suche den Schluß:

> „Ich bin jetzt der Meinung, daß Fallbeschreibungen von weniger als Buchlänge bestenfalls Fabeln sind, und auch ein ganzes Buch kann nicht mehr als eine Biopsie sein" (9).

Mir scheint, daß die Aufgabe nicht ganz so unmöglich ist, wenn, wie in meinem gegenwärtigen Versuch, sowohl das Material als auch das Vorhaben begrenzter sind als in einer vollständigen klinischen Darstellung.

Ich wende mich nun dem Bericht über den Prozeß des Erschließens zu, verbinde ihn mit dem vorhergehenden Abschnitt dieser Arbeit, in dem ich „die Schluckerin" meiner früheren Arbeit darstellte, und beschreibe, wie ich beim Arbeiten an dem Entwurf für diese Arbeit anfing, das „Verschlucktwerden" aufzudecken.

Die Entdeckung des „Verschlucktwerdens“

Ich war dabei, mich über meine vielen Assoziationen zum Thema Schlucken zu verbreiten, um wie geplant den sehr persönlichen Inhalt meiner Assoziationen zum *Rotkäppchen* verständlich zu machen. Ich wollte meine Darstellung dieser Erfahrungen mit jenem Abschnitt meiner Tümmel-Geschichte beginnen, in dem ich in Klammern bemerkte (Seite 90): „(Ich erinnere mich, wie diese Neugierde sich in Vorfreude auf den Genuß eingestellt hatte, denn was meine Mutter zum Essen herrichtete, sah verlockend aus und schmeckte gut)“. Meiner Erfahrung nach haben solche Nebenbemerkungen oft eine besondere Bedeutung und in diesem besonderen Fall war mir bewußt, daß, sobald ich diese Verallgemeinerung niedergeschrieben hatte, mir einige Ausnahmen eingefallen waren. So beschloß ich, zu meinem Entwurf für jene Arbeit zurückzugehen, um zu sehen, ob ich an irgendeiner Stelle, wie ich mich vage erinnerte, einen qualifizierenden Kommentar hinzugefügt hatte. Das hatte ich nicht getan; was ich jedoch zu meiner großen Überraschung am Seitenrand entdeckte, war eine im Telegrammstil geschriebene Notiz auf Hebräisch: „‚Schlucken‘ – Großvater [wie er mich verschluckt] – immer beängstigend und plötzlich – will es und habe Angst davor.“ Also war mir ein Erlebnis mit meinem Großvater, und zwar „verschluckt zu werden“, schon beim Abfassen des vorausgehenden Aufsatzes eingefallen! Und die Feststellung in Klammern über die Nahrung meiner Mutter hatte mich in meiner Kümmelgeschichte zweimal (das erstemal im Entwurf für meinen vorausgehenden Vortrag und jetzt wieder) zu einer zentralen Erinnerung geführt, in der ich mich als „Verschluckt-Werdende“ sah. Außerdem entdeckte ich erst da, als ich die hebräische Notiz wieder durchlas, um sie richtig ins Englische zu übersetzen, daß sie wirklich erst nach einigen kurzen Bemerkungen in Englisch geschrieben wurde. Nach genau diesen Kommentaren suchte ich, hatte aber irgendwie ignoriert, daß: „Mutters Nahrung ist nicht so gut; Neugierde; Mutter sieht nicht die Gefahren – die schlechten Sachen sehen [hier steht das englisch „see“ = sehen für „she“ = sie – ein Ausrutscher im Original] *gibt sie mir, als ob sie nur gut wären*“ (im Original unterstrichen). Daher suche ich in diesem Moment des Schreibens wieder eine Verbindung zwischen den Zweifeln bezüglich (des Schluckens) der Nahrung meiner Mutter und denen des Verschlucktwerdens. Ebenso wie ich bis vor einigen Minuten jene Verbindung nicht bewußt herstellen konnte (so daß in den Notizen am Seitenrand nur das Hebräische ‚registriert' wurde), konnte ich auch in der vorausgegangenen Arbeit die Verbindung nicht aufrechterhalten. Wie mein Umschalten vom Englischen aufs Hebräische in diesen Notizen schon vermuten läßt, mußte ich mein Erlebnis mit dem Großvater vom Rest meiner Kommentare getrennt halten. Tatsächlich schnitt ich, als ich später das meiste von dem, was mir zuerst in den Sinn gekommen war, erweiterte und bearbeitete, das Bindeglied zum „Vom Großpapa Verschlungenwerden" ab. Ich kehrte in der Arbeit oder in Gedanken niemals dahin zurück, bis ich durch die nun unbewußte Assoziation zwischen der Aussage in Klammern und dem, was sie hervorgerufen hatte, zurückgeführt wurde, den Dingen noch einmal ins Auge zu sehen – wenn auch nicht ohne beträchtlichen Widerstand – während ich den Entwurf für diese Arbeit schrieb. Die besondere Bedeutung jener Erinnerung an meinen Großvater drückt sich vielleicht bereits in meinem Umschalten aufs Hebräische aus, wodurch sie nicht nur vom restlichen Inhalt meiner Kommentare getrennt wird, sondern sie auch in meiner Sprache ausdrückt, die für mich viel spontaner und emotional stärker aufgeladen ist als Englisch.

Ich werde die Einzelheiten meiner Erlebnisse mit meinem Großvater erst später ausführen, wie auch die Einsicht, die ich gerade eben erst gewonnen habe, warum ich das assoziative Glied, das ich gefunden hatte, immer wieder abtrennen mußte. Obwohl mir bewußt ist, daß dies immer noch ein Teil desselben Prozesses sein muß – nämlich noch einmal meine Auseinandersetzung mit den komplexen emotionalen Zuflüssen aufzuschieben, die sich mit diesen Erinnerungen des „Verschlungen-Werdens" verbinden, werde ich hier weiter beschreiben, wie ich in meinem ersten Entwurf zu dieser Arbeit vorging, als mir bewußt wurde, daß „Verschlungen-Werden" schließlich ebenfalls ein Teil meiner inneren Welt war: Ich unterbrach meinen Schreibfluß über das Schlucken und schrieb in Klammern und Großbuchstaben, um mich später darauf beziehen zu können, Erinnerungen an meinen Großvater und das „Von-ihm-Verschlungen-Werden" auf, die alle „sehr erregend, sehr erschreckend" waren. Dann, nach einer kurzen Rückkehr zum Strom meines Entwurfs, fügte ich erneut Assoziationen ein, die mir eingefallen waren, als ich vom Schreibtisch aufgestanden war, um mir einen Kaffee zu bereiten. Da mir bewußt ist, daß *alles* miteinander in Verbindung steht, kommentierte ich dann meine häufigen Schreibpausen – nämlich das Aufstehen, um mir etwas zu essen oder zu trinken zu machen. Danach überlegte ich weiter, ob der Grund dafür, daß ich mir die Gedanken an Großpapa und das Schlucken nur dann erlauben konnte, wenn ich nicht gerade dabei war, sie aufzuschreiben, nicht lautete: „Weil sie mir dann vielleicht (wieder) entfallen." Und gerade jetzt beim Schreiben fällt mir ein, daß mein „verschluckender Großpapa" und verwandte erregende Gedanken nur dann in mein Bewußtsein sickern konnten, als ich sie aktiv anging, indem ich meine eigene Rolle als „Schluckerin" geltend machte (das ursprüngliche, nun gestörte Thema meiner Arbeit) – indem ich Nahrung zubereitete und sie aß.

Zurück zum „Schlucken", was zum „Schlafengelegt-Werden" führt

Nachdem mir noch einige andere verwandte Ideen in den Sinn kamen, die mit meinem Großvater zusammenhingen und dann auch mit meinem Vater, mit dem „wilden" Leben während des Ersten Weltkriegs, schloß ich die Klammern und kehrte zu der Aufgabe zurück, die Assoziationen zum Schlucken weiterzuverfolgen, die der Erinnerung an meine Tümmel-Geschichte folgten. Ich hatte nicht die Absicht, meine neuen Entdeckungen zu ignorieren, sondern wollte ihnen lediglich ihren „rechtmäßigen" Platz geben, der meinen vielen „entgegengesetzten" Erlebnissen und Erinnerungen folgte, die mit dem Schlucken verbunden waren – von denen viele schon lange in meinem Denken und in meinen Notizen waren. (Aber wie sich später zeigen wird, übersah ich sogar, als ich diesen Punkt erreicht hatte und zu diesen eingeklammerten Notizen zurückkehrte, unachtsam einige von ihnen.) Im Augenblick kehre ich zu meinem Entwurf zurück, in dem ich mich immer noch mit dem Schlucken beschäftigte. Mein Kommentar, „(... was meine Mutter zum Essen herrichtete, sah verlockend aus und schmeckte gut)“, stimmte im allgemeinen. Sie war wirklich für ihr ausgezeichnetes Kochen und Backen bekannt, wie auch für ihren Schönheitssinn, und ich war stolz auf all dies und genoß es wirklich. Außerdem verband sich auch eine erregende Magie mit der Nahrung, und ich erinnere mich deutlich, wie meine Mutter mit den Worten „Hokus Pokus“ meinen Bruder und mich an die Zimmerdecke sehen hieß, von wo ein ganz besonders leckerer Pudding herunterflog (ich sah ihn wirklich!), der dann auf dem Tisch stand, als unsere Augen wieder dort landeten. Aber es gab auch noch andere Erinnerungen – obgleich die anscheinend weniger wichtig waren und bei Kindern recht häufig vorkommen – die ich viele Jahre lang verdrängen mußte. Ich sagte immer (und glaubte es auch), daß es *nichts* gab, was meine Mutter auf den Tisch stellte und das mein Bruder und ich nicht mit Vergnügen gegessen hätten. Doch da war die Haut auf der gekochten Milch, die mein Bruder angeekelt zurückwies und die ich, ein braves Mädchen, hinunterschluckte; und Spinat – mochte ich den wirklich, wie ich immer stolz erklärte? Warum erinnere ich mich so deutlich an die Assoziation mit Durchfall? Und warum ist mir die Geschichte vom Suppenkaspar so deutlich in Erinnerung geblieben? (Das arme Kind, das sich weigerte, seine Suppe zu essen und sie jeden Tag wieder vorgesetzt bekam, bis – da es sich weiterhin weigerte, sie zu essen – nichts mehr von ihm übrigblieb! Es gab Bilder und dann eine leere Stelle, um es zu beweisen.) Während ich dies niederschreibe, sehe ich mich damit konfrontiert, was ich alles „angestellt“ habe, um eine Tatsache in meinem Entwurf nicht zu erwähnen: nämlich, daß wir unser eigenes Geflügel zu essen pflegten (ich wuchs auf dem Land auf) – und was das Schlimmste war: daß eines Tages während des Krieges meine Eltern sich hinter unserem Rücken geeinigt hatten, uns unser geliebtes Kaninchen zu Mittag vorzusetzen, als sei es ein Hähnchen, wobei sie zuerst sagten, das Kaninchen sei weggelaufen! Aß ich es? Ich erinnere mich nicht deutlich daran!

Doch wahrscheinlich die bedrohlichste Assoziation in diesem Zusammenhang war jene mit Ingrids Tod, dem ersten Baby meiner Mutter, das vier Jahre vor mir geboren wurde. Meine Mutter hatte eine große Narbe am linken Arm; und dahinter verbarg sich folgende traurige und furchterregende Geschichte: Als sie mit Ingrid schwanger war, mußte sie (vermutlich gegen Ende ihrer Schwangerschaft) ins Krankenhaus (warum, weiß ich nicht). Sie bekam dort aus Versehen eine Spritze mit einem Medikament, das für eine andere Frau bestimmt war. Das war Gift für das ungeborene Baby, das später alle Nahrung verweigerte und (ein paar Wochen oder Monate) nach seiner Geburt starb. Meinem Vater, der in seiner Trauer und Wut den Arzt anschuldigte, wurde gesagt, daß meine Mutter keine weiteren Kinder bekommen könne, aber dann wurden mein Bruder und danach ich geboren. Bei meiner Geburt war meine Mutter jedoch sehr unglücklich, da ich genau wie Ingrid aussah und mich auch so verhielt. Ich wurde daher in eine Kinderklinik gebracht, und wie das glückliche Ende der Geschichte zeigt, wuchs ich schließlich zu einem niedlichen und kräftigen Baby heran, wie alle Photos jener Zeit bestätigen!

Dennoch hinterließ natürlich die Erzählung meiner Mutter von ihrem vergifteten Baby ihre Spuren in mir. Die Assoziation, die mir geradewegs einfiel, als ich die Geschichte in meinem Entwurf für diese Arbeit niederschrieb, war mein ständiges Falschschreiben im Entwurf der vorigen Arbeit des Wortes „sandwich" (= Butterbrot), wo ich ein t hinzufügte, so daß es zu „sandwitch" (witch = Hexe) wurde. Ich deutete das dort als: „... anscheinend habe ich eine Hexe aus anderen Märchen verdichtet ..." Als ich das Sheila gegenüber erwähnte, die jene Arbeit abtippte, rief sie sofort aus: „Der Apfel!" – wozu mir sofort das Märchen vom Schneewittchen einfiel. So scheint es, daß meine Mutter – welche Zaubernahrung durch „Hokus-Pokus" herstellte – auch die Hexe sein konnte, die mir verlockend verpacktes Gift (in einem Apfel oder einem Butterbrot) anbot. Tatsächlich enthielt, wie mir später auffiel, nicht nur das sandwi*t*ch, sondern auch das deutsche Schneewittchen (welches ich fälschlicherweise mit nur einem *t* schrieb) eine Hexe (witch) zusammen mit einem Butterbrot für mich. Rotkäppchen und Schneewittchen waren somit in meinem Bewußtsein durch meine Tümmel-Geschichte verbunden. Aber war es wirklich Gift in jenem Apfel von der Stief-Mutter-Hexe oder war es nur etwas, das Schneewittchen vorübergehend *einschläferte?* Sobald mir diese Frage einfiel, führte sie mich zu einer der schrecklichsten Erinnerungen meiner Kindheit, nämlich einer weiteren Geschichte, wo zwei Kinder tot in ihren Betten lagen, als würden sie schlafen. Die Geschichte – so, wie ich mich an sie erinnere – (und obwohl ich spüre, daß sie verzerrt ist, so zählt doch in diesem Zusammenhang lediglich die Art und Weise, wie ich etwas erinnere) hängt für mich sehr stark mit dem Kontext zusammen, in dem meine Mutter sie erzählt hatte. Ich kann mich deutlich erinnern, wie sie an der Wand unseres Kinderzimmers lehnte: Es herrschte noch Tageslicht, aber mein Bruder und ich waren schon für die Nacht zu Bett gebracht worden. Die Geschichte handelte von Brurya, einer Mutter, deren zwei Söhne am Sabbath gestorben waren. Sie hatte ihre Trauer vor ihrem Mann verborgen und die Kinder zu Bett gebracht. Erst als der heilige Sabbath vorüber war, führte sie ihren Mann zu den Kindern und zeigte ihm die schreckliche Wahrheit. Wir waren keine orthodoxe Familie, aber ich erlebte die Geschichte als ganz schrecklich, rätselhaft und furchteinflößend. Ich erinnere mich, daß ich sie immer wieder hören wollte und weiß genau, daß meine Mutter sie bei mehr als nur einer Gelegenheit erzählte.

Die Entdeckung ödipaler Phantasien

Nachdem ich meine Assoziationen zu meiner Mutter und der Nahrung sowie zur Brurya-Geschichte und den Umständen, unter denen ich sie hörte, mehr oder weniger aus meinem ersten Entwurf abgeschrieben hatte, fühlte ich ein wachsendes Unbehagen und wußte nicht, wie ich weitermachen sollte. Dies kam hauptsächlich daher, daß mir zum erstenmal bewußt wurde – was einen Außenseiter vermutlich überrascht – daß ich nicht länger im Reich meines deklarierten Themas, nämlich des „Schluckens“ war, sondern bei einer Mutter, die „einschläferte“. Es brachte mich aus der Fassung, als mir klar wurde, daß meine Einleitung zu dieser Arbeit jetzt ziemlich ungenau war, denn, obwohl es stimmte, daß in „dem ersten Entwurf zu dieser Arbeit [in welchem] ich mich *hauptsächlich* [Hervorhebung nicht im Original] über Erlebnisse und Geschichten meiner Kindheit verbreitet hatte, die immer noch sehr lebendig waren und die sich auf mich als eigentümliche ‚Schluckerin‘ bezogen" – war es dennoch irreführend, denn ich spürte, daß ich mich von Rotkäppchen weit entfernt hatte. Ich versuchte weiterhin zu sagen, daß die Verbindungsstücke klar und evident wären, aber es war eine verworrene Aussage. Ich saß in der Klemme.

Später am selben Tag beschloß ich, dort fortzufahren, wo ich aufgehört hatte, aber nicht bevor ich mit mir selbst gekämpft und fast entschieden hatte, den störenden Abschnitt auszulassen, der ohnehin nichts mit dem Schlucken zu tun hatte. Am Ende kehrte ich, wenn auch mit einem deutlichen Gefühl des Unbehagens zu meinem Entwurf für diese Arbeit zurück und schrieb von dem Punkt aus weiter, den ich erreicht hatte, als ich das bisher Geschriebene kommentiert hatte: „In Unkenntnis dieser Akzentverschiebung [vom Schlucken zum Tod von Kindern] bewegte ich mich ziemlich spontan sowohl in meinen Assoziationen als auch in dem, was ich schrieb, vom Thema des Schluckens hin zu dem des Verschlucktwerdens." Ich schrieb über *Hänsel und Gretel* (Die *Hexe* plante, Hänsel, wenn er erst fett genug geworden wäre, zu *kochen/braten* und dann zu *essen)* und über *Max und Moritz* (die *gebacken,* gemahlen und deren Umrisse, die in dem Buch von Getreidekörnern gezeichnet waren, von den Enten *aufgefressen* wurden). Aber nach einigen Ausarbeitungen dieser beiden Märchen (die sich für mich als emotional sehr geladen erwiesen), und als ich gerade ein Erlebnis mit meiner Großmutter erzählen wollte, bemerkte ich, daß die Geschichte von meiner Großmutter *vor* den beiden Märchen hätte kommen sollen. Denn dieses Erlebnis war mein quälendstes Erlebnis als Schluckende – und hier war ich schon inmitten der Geschichte vom Verschlucktwerden! Wenngleich mein Erlebnis mit meiner Großmutter der Brurya-Geschichte folgte und in meinem Entwurf vor Hänsel und Gretel sowie Max und Moritz stand, war es auf einer völlig separaten Seite geschrieben, und ich hatte es tatsächlich fertiggebracht, diese Seite zu ‚überspringen'. Wie mir erst später auffiel, hatte ich die Geschichte von Großmutter an die falsche Stelle gesetzt, auf eine unbewußte Regung hin, um meine Darstellung neu zu ordnen, so daß jenes Erlebnis den Geschichten über Großpapa vorausgehen würde. Rückblickend, während ich dies schreibe, ist jetzt offensichtlich, daß ich unbewußt meine Darstellung in Gestalt eines zugrundeliegenden ödipalen Themas rekonstruierte, und zwar eines, das ich in seiner Bedeutung als ein mich in diesem Kontext lebhaft beschäftigendes Thema aktiv verworfen hatte. Aber von alldem war mir nichts bewußt. An jenem Tag gab ich erst einmal auf.

Als ich heute widerstrebend zu meiner Geschichte von Brurya zurückkehrte, um es noch einmal zu versuchen und die Fäden zu verbinden, fühlte ich mich sehr entmutigt. Die Dinge fügten sich überhaupt nicht zusammen. Und dann – noch bevor ich das unmittelbar Vorstehende schrieb – kam es einfach zu mir (und es fühlte sich an, um es bildlich zu sagen, wie eine reife Frucht, die mir in den Schoß fiel). Und hier ist nun, was ich an diesem Punkt niederschrieb:

Erst jetzt beginnen sich die Dinge zusammenzufügen, wo ich der Tatsache ins Auge sehe, daß ich wiederholt einen Teil meiner stärksten Gefühle, die mit Brurya und der Art zusammenhingen, wie meine Mutter deren Geschichte erzählte, nicht berücksichtigte: was ich in meinen Notizen niederschrieb und in dem Entwurf aufgab, waren meine Kommentare zu Bruryas „Loyalität" ihrem Ehemann/dem Sabbath gegenüber „auf Kosten der Kinder" („sie hätten doch gerettet werden können" war eine meiner Phantasien!) Jedoch, irgendwie, ließ ich das weg! Meine Erinnerung an meine Mutter, wie sie die Geschichte meinem Bruder und mir erzählte, nachdem sie uns für die Nacht ins Bett gebracht hatte (frühzeitig, und dann den Rest der Nacht mit meinem Vater verbrachte?) könnte ziemlich aufschlußreich sein. Und genauso aufschlußreich könnte mein Erstaunen über die Bedeutung dieser Geschichte für das Schlucken sein. Keine Relevanz für das Schlucken, aber sehr nahe, zu nahe an ödipalen Phantasien. Vielleicht war dies zum Teil mit ein Grund dafür, daß ich in meinem Entwurf den Schauplatz von meinen Eltern zu meinen Großeltern verlegte – und ihn somit aufgab – und daß ich „fälschlicherweise" glaubte, meine Erinnerung an mein Erlebnis mit meiner Großmutter vorzustellen, als ich sie mit den Geschichten über ihren Mann verband. Diese Erinnerung gleicht auf erstaunliche Weise, was die Mutter angeht, meiner Tümmel-Geschichte, doch im Vergleich dazu erscheint [jene Geschichte] wie eine schwache Deckerinnerung.

Erinnerungen, mit ihrem ödipalen und gefühlshaften Sinn und Kontext

Ich werde diese Erinnerungen jetzt vorstellen, wie ich sie ursprünglich in dem Entwurf erzählt hatte, aber in ihrem nun entschleierten ödipalen ‚Kontext':

Es geschah, glaube ich, bei meinem ersten Besuch bei meiner Omama, nachdem mein Opapa (*während seines Mittagsschlafes!*) plötzlich an einem Herzanfall gestorben war. (Meine Großeltern lebten in einer kleinen Stadt, und wir fuhren in den Sommerferien immer eine Zeitlang zu ihnen.) Ich war gerade acht, und dies war der erste Todesfall eines mir Nahestehenden, den ich erlebte. Ich erinnere mich an Gefühle des Schmerzes und der Verzagtheit, als ich merkte, daß er wirklich nirgendwo war. Während ich nicht sicher sein kann, daß das, was ich erzählen will, sich tatsächlich bei jenem Anlaß zutrug, kann ich es mit einem Gefühl äußerster Einsamkeit assoziieren; ich war unglücklich wegen meiner Großmutter (der ich in späteren Jahren näherkam und für die ich dann zärtliche Gefühle hegte), da ich wünschte, sie wäre gestorben und nicht Opapa. Meine Großmutter setzte mir Reis zum Mittagessen vor. Ich weiß nicht, ob auf dem Teller noch etwas anderes war, aber mit Sicherheit weiß ich, daß in meiner Erinnerung jene Schale Reis zu einer Ungeheuerlichkeit geworden ist, denn ich erinnere den Reis als voll gekochter Insekten. Je mehr ich versuche, die Käfer in die Proportionen zu bringen, die sie gehabt haben mußten, um so weniger Reiskörner kann ich in meiner phantasierten Schale entdecken. Ich erinnere mich, daß es mir einigen Mut abverlangte, zu quengeln: „Aber Omama, da sind Käfer drin", oder so etwas ähnliches. Meine Großmutter (die am Herd stand), kam herüber, schaute, schüttelte den Kopf und sagte einfach aber fest: „Nein." Jetzt, wo ich versuche, meine Erinnerung an ihre Erwiderung zu formulieren, fällt mir plötzlich wieder ein, daß meine Großmutter wegen dieser Anschuldigung schrecklich böse auf mich geworden war (ich erinnere mich nicht, ob es damit zu tun hatte, daß ich noch weiter protestierte). Aber ich habe eine sehr deutliche Erinnerung, daß ich das Zeug wirklich aß und bis heute habe ich auch ein ganz greifbares Gefühl, wie es war, auf diese Käfer zu beißen. Und wieder ist dieses greifbare Erlebnis so übertrieben (wahrscheinlich auch unrealistisch, da ich in meiner „Erinnerung" die Käfer als recht hart erlebte), daß es anzeigt, daß ich mich wegen meines Protestes so schuldig fühlte, daß ich die Tat meiner Großmutter („Verbrechen" war, was mir dazu einfiel) rechtfertigen mußte. [Beim erneuten und wiederholten Lesen dieses Abschnitts im Entwurf fällt mir plötzlich ein, daß der Reis mit Zucker und Zimt war. Also mußte es der Zucker gewesen sein, der zwischen meinen Zähnen knirschte!]

Mein Schuldgefühl wegen meines Protestes war, wie mir jetzt klar wird, mit meinen unbewußten Phantasien in diesem Zusammenhang verbunden, die ich erst allmählich in den Griff bekommen habe. Erst beim Schreiben des Satzes „... Der plötzliche Tod meines Opapas (*während seines Mittagsschlafs*)" stellte ich eine Verbindung her zu den Kindern, die „eingeschläfert" wurden, über die ich vorher geschrieben hatte. Und erst eine ganze Woche später, als ich vor mich hindämmerte (schlafend, im Bett!) fand ich mich plötzlich in traurigen Gedanken an den frühen Tod meines Großvaters und daran, wie unvorsichtig die Menschen damals in ihren Eßgewohnheiten waren. Wie ich damals in meinen Notizen festhielt, hatte ich mich daran erinnert, wie gern mein Großvater fettes Suppenfleisch aß, „das Gift für ihn war". Dieser Gedanke stellte sich zusammen mit einer bildlichen Erinnerung an meine Großmutter ein, wie sie ihm das Essen servierte. Und dann erst durchzuckte mich der Gedanke, daß ich sie „anschuldigte“, ihn „vergiftet“ zu haben. Meine Trauer (darüber, daß Opapa nirgendwo zu finden war), verbunden mit meinem bewußten (schuldbeladenen) Wunsch, daß an seiner Stelle die Großmutter hätte sterben sollen, tauchte in meinem Denken auf wie eine Phantasie, in der ich fühlte, daß es der Racheakt meiner Großmutter war, zu versuchen, uns beide zu vergiften. Hier nun die Taten, die solchen „Rachedurst“ in meiner Großmama hervorriefen, wie ich sie im Entwurf zu dieser Arbeit beschrieb:

In meinen Erinnerungen gibt es [neben dem Märchen von *Hänsel und Gretel* sowie *Max und Moritz*] eine männliche Gestalt, die mich fast verschluckte, wobei ich voll innerer Erregung und zugleich auch voller Schrecken mitwirkte:

Es gab ein äußerst erregendes Spiel, das ich mit Opapa spielte, wenn ich auf seinen Knien ritt. Es war das „Mmmm ...“-Spiel: Dabei legte ich meinen Finger ganz nah an seine Unterlippe (er hatte einen kurzgeschnittenen Bart, der sein Kinn bedeckte), und er machte dann mit geschlossenem Mund „Mmmm...“, um plötzlich seinen Mund zu öffnen und ihn mit einem mächtigen „Ham!“ wieder zu schließen, wobei er versuchte, meinen Finger zu fangen – was ihm manchmal gelang. Die mit diesem Spiel verbundene Spannung und Aufregung waren fast unerträglich. Ich liebte das Spiel, und kann mich auch vage an das Vergnügen erinnern, auf den Knien meines starken Opas zu sitzen. Es gab noch ein anderes, mit diesen Knien verbundenes Spiel. Ich werde es so darstellen, wie ich mich daran erinnere, höchstwahrscheinlich mit verdrehten deutschen Wörtern, wie ich sie damals (miß)verstand. Wenn Opapa mich in einem immer schneller werdenden Galopp auf seinen Knien wippen ließ, deklamierte er (und ich):

„Hoppe hoppe Reiter
Wenn er fällt, dann schreit er
Wenn er fällt in Graben
dann *fressen ihn die Raben*
Wenn er fällt in Sumpf
Da macht der Reiter plumps!“

(Hervorhebung von mir) und dann bei „Plumps“ ließ mich mein Opapa hintenüber zu Boden fallen, so daß ich in ängstlicher Freude aufschrie – ach, dies ist alles zu aufregend, um es in Worten auszudrücken! (Tatsächlich fand wohl alles auf seinem ausgestreckten Bein statt, denke ich, und nicht auf seinen Knien.)

Als ich an die Besuche bei meinen Großeltern dachte, fiel mir wieder ein, wie ich weggeschickt wurde und anderthalb Stunden allein im Bus fuhr. Der Bus war immer sehr voll und ich stand, da man es seinerzeit für höflich hielt, wenn kleine Kinder aufstanden, um Älteren Platz zu machen, auch wenn es sich um starke junge Erwachsene handelte. Da ich nicht aus dem Fenster sehen konnte (weil ich zu klein war und um mich herum so viele Menschen standen), bat ich den Busfahrer, mich

„bitte beim Cafe Oase aussteigen zu lassen“, aber erst, nachdem ich es hundertmal für mich selbst vorgesprochen hatte. Und erst dann hatte ich mich durch die Menge nach vorne gekämpft, in der Hoffnung, daß dies zur rechten Zeit geschehe und daß er mich nicht vergessen würde. An einem späteren Punkt dieser Betrachtungen konnte ich dieses Erlebnis in einen Zusammenhang stellen (und es überraschte mich wirklich, daß ich die Verbindung nicht sofort sah: für mich besteht der Zusammenhang darin, meine Großeltern zu besuchen, nicht darin, von meiner Mutter weggeschickt zu werden – aber dennoch tauchte diese Assoziation zu einem bestimmten Zeitpunkt auf) – und ich erkannte, daß es ein Ereignis war, daß ich, die ich zu klein und kaum in der Lage war, mit der Situation fertigzuwerden, zu meinem Großpapa geschickt worden war, dem verschlingenden Wolf. Erst damals wurde mir klar, daß ich trotz der damit verbundenen Angst, eigentlich sehr stolz war, allein Bus fahren zu können, und daß man mich für erwachsen genug hielt, um es mir zuzutrauen. Dies war eine direkte Erweiterung der Situation, wie ich sie erlebt hatte und durch sie gewann ich nicht nur einen besseren Zugang zu dem inneren Kind, sondern auch zu dem, was bei Kindern oft beobachtet werden kann (und nicht nur bei ihnen): offene Angst vor dem, was sie gleichzeitig auch deutlich anzieht und fasziniert und von dem sie immer noch mehr wollen. Meine Erregung, Angst und der Wunsch nach immer mehr, auf den Knien meines Großvaters, machten mir die in unseren Forschungen (über Mutter-Kind-Interaktionen bei *Rotkäppchen*) aufgezeichneten Erfahrungen von kleinen Mädchen – vom Wolf gleichzeitig fasziniert und geängstigt zu sein – bei weitem lebendiger als wenn ich in meiner Arbeit (Eifermann, 1987a) folgendes beobachtete: daß nämlich Kinder darauf bestehen, daß die grausamen und beängstigenden Geschichten ihnen „endlos wiederholt vorgelesen werden“ und daß sie der Mutter, die ihnen die Geschichte erzählt, „bereitwillige Partner“ sind.

Die Entdeckung des beunruhigten inneren Kindes

Wenn ich nun den letzten Teil meines ursprünglichen Entwurfs erneut lese, finde ich zwei Aspekte besonders erstaunlich, worauf ich hier gern aufmerksam machen möchte. Der eine bezieht sich auf die besonderen sexuellen Untertöne und Gefühle. Es scheint, daß mir der Abschnitt sehr unausgeglichen geraten ist – zum Teil fühle ich, wie sich das innere Kind direkt bemerkbar macht – ein Abschnitt voller innerer Erregung und Beteiligung, andererseits distanziert und abwesend, eigentlich fast langweilig, weil die Angst und die Faszination, geschweige denn die (fast) explizit werdende Sexualität kaum wirklich zum Ausdruck kommen. Tatsächlich hatte ich das schon vage beim Schreiben gespürt und mir war bewußt, daß ich am Ende der Beschreibung von anderen Kindern würde sprechen müssen, als ob das innere Kind sagen wollte, mein Verhalten und meine Gefühle seien nichts besonderes. Und genau an diesem Punkt, als ich beabsichtigte, vom Inhalt meiner Forschung über diese „anderen" Kinder, ihre Mütter und das innere Kind in *ihnen* zu berichten, genau an diesem Punkt hörte ich auf. Und dies war das Ende des ersten Entwurfs zu dieser Arbeit. Erst einige Zeit, nachdem ich meine Spiele mit meinem Großvater beschrieben hatte, wurde mir klarer, wie zögernd und vorsichtig ich darüber geschrieben hatte und wie sehr das innere Kind – immer noch erregt, ängstlich und sich schrecklich schuldig fühlend – bestimmte, was ich sagte und was ich ausgelassen hatte. Wie in der Analyse, wenn man sich manchmal plötzlich äußerst unbehaglich oder sogar völlig außerstande fühlt, etwas zu sagen, bei etwas, wo man unter weniger regredierten Umständen überhaupt keine Schwierigkeiten hätte, so ertappte ich mich zum Beispiel dabei, daß ich das Wort ‚sexuell' ausließ, wenn ich die Freuden beschrieb, die es mir bereitete, auf den Knien des starken Großpapas zu sitzen.[6]

(„*Daran* erinnere ich mich nicht richtig", dachte ich in meinem Versuch, in meiner Beschreibung so genau wie möglich zu sein.) In jener Beschreibung ließ ich auch die Tatsache aus, daß ich, wie mir jetzt wieder einfiel, mit gespreizten Beinen „auf jenen Knien" gesessen hatte. („Klar!" dachte ich, „so deutlich muß ich in der Öffentlichkeit ja auch nicht werden!" [und selbst jetzt möchte ich hinzufügen: „ich war acht Jahre alt oder sogar weniger"] (Da dies von Belang für meine persönliche Art des Schreibens *ist,* kann das innere Kind diese Entschuldigung ausgiebig verwenden!) Aber es gab auch noch aufschlußreichere und ausdrücklichere Zeichen des ängstlichen und kontrollierenden inneren Kindes: erst nachdem ich in meinem Entwurf das Thema mit meinem Großvater „abgeschlossen" hatte, entdeckte ich, als ich zu meinem Entwurf zurückkehrte, daß ich unabsichtlich den folgenden Abschnitt mei-

6 Tatsächlich hätte ich vermutlich nicht „sexuell" gesagt, wenn ich in jenen frühen Jahren versucht hätte, meine Erlebnisse in Worte zu fassen, und ich bin nun keineswegs in den „adulto-morphen Mythos" (Blum, 1980, Wetzler, 1985) verfallen. Doch möchte ich hier betonen, wie aktiv die Haltung und die Gefühle des Kindes in mir waren, in dem, was ich schrieb und wie ich es schrieb, als ich diese frühen Erfahrungen „rekonstruierte".

ner ursprünglichen Assoziationen zu Großpapa, die ich in Großbuchstaben und in Klammern notiert hatte, übersehen hatte. Hier ist nun das, was ich, nachdem ich für einen Kaffee aufgestanden war und dabei über jene Handlung nachdachte, im Telegrammstil sagte, wobei ich einem im Telegrammstil abgefaßte Hinweis auf meine Spiele mit meinem Großvater folgte. Während meiner Kaffeepause kam mir die Assoziation wieder in den Sinn, und ich schrieb also:

Bezeichnenderweise vergaß ich hinzuzufügen, was mir [zusammen] mit dem obigen eingefallen war, nämlich, daß Opapa im 1. Weltkrieg Soldat gewesen war, Pferdewagenführer, fünf Jahre von Zuhause weg; es gab Anspielungen darauf, welch wildes Leben er geführt hatte. Mein eigener Vater, ein junger Offizier im selben Krieg, im österreichischen Heer – einige ähnliche Folgerungen.

Aber erst jetzt, als ich den früheren Abschnitt mit denselben Notizen in Großbuchstaben wieder las, wurde mir klar, daß ich mich in diesen Notizen tatsächlich deutlicher über den sexuellen Aspekt meiner „Geschichte“ mit meinem Großvater ausdrückte als in meinem öffentlichen Entwurf. Außerdem entdeckte ich, daß ich mich in ihnen auf ein weiteres Spiel bezog, das Großpapa mit mir zu spielen pflegte und welches ich absichtlich nicht in meinen Entwurf aufnahm: an diesem Punkt machte die Tatsache, daß es nichts mit „Schlucken“ zu tun hatte, es immer noch „belanglos“. (Der Leser wird sich erinnern, daß ich versehentlich die Tatsache übersah, daß die Brurya-Geschichte unter demselben Kriterium ebenfalls belanglos war.) Ihre Bedeutsamkeit für das ödipale Thema ist jedoch recht erstaunlich. Hier ist nun der ganze Absatz, mit den in Großbuchstaben stenographierten Anmerkungen:

(So gibt es also zwei eng miteinander verbundene Geschichten, daß ich von Opapa verschluckt wurde [dies bezog sich auf meine früheren Notizen, in denen ich von dem „Mmmm...“-Spiel berichtete sowie vom „Hoppe...fressen ihn die Raben“-Spiel]; Die Assoziation von physischer, ja sexueller Nähe mit ihm ist recht bewußt, obwohl in meinem erinnerten Erlebnis nicht ausdrücklich zugelassen [die frühere Rekonstruktion in meinen Notizen in Großbuchstaben] wie [es] jetzt [ist]. Es brauchte eine Weile, bis es deutlich wurde. Zusätzliche Erinnerung an Opapa [wie er ins Zimmer kam: und] sich auf mich setzte, indem er vorgab, nicht zu wissen, wo ich war – die innere Erregtheit und der Schmerz (er war schwer und wußte nicht recht, wann er aufhören mußte [es dauerte zu lange, so daß er mir wehtat]. Ich kann mich verschwommen daran erinnern, einmal geweint zu haben.) Ich liebte das Spiel, freute mich darauf – ich lag auf dem Sofa [ein späterer Zusatz zu meiner Beschreibung, jedoch ein beständiges Detail des Spiels] hatte Angst davor. (Ich sollte hier hinzufügen, daß die nebelhafte Anwesenheit meiner Großmutter ein Teil meiner Erinnerung an das Spiel ist – aber dies ist unerwähnt geblieben.)

Schlußfolgerung

Ich sagte schon früher, daß ich den Schlußteil meines Entwurfs bei nochmaligem Lesen in zweifacher Hinsicht besonders bemerkenswert fand, und ich möchte jetzt zu dem zweiten Aspekt kommen. Die Tatsache erstaunte mich, daß ich in meinen Schlußassoziationen im Entwurf tatsächlich den Kreis geschlossen hatte und ich zurück zu meinem Märchen vom Rotkäppchen gekommen war. Aber nun ist mehr von dem Märchen in meine persönliche bewußte Erfahrung integriert. Ich bin nun viel stärker in Berührung mit dem inneren Kind, das die Erfahrung machte, „fortgeschickt zu werden, als es zu klein und kaum in der Lage war, mit der Situation fertigzuwerden, fortgeschickt zu meinem Großvater, dem verschlingenden Wolf", und doch gleichzeitig stolz darauf; das innere Kind, das immer noch „in angstvoller Freude aufschrie" bei den gefährlichen Abenteuern auf Großvaters Knien und dem Sofa; dasselbe Kind, das immer noch lebendig ist und Angst hat vor der giftigen Rache von Mutter und Großmutter – all dies verdichtet, wiederholt und verflochten in den verschiedenen lebendigen Repräsentanzen, in Kindheitserzählungen, Geschichten, Märchen, persönlichen Erlebnissen, Erfahrungen und Erinnerungen.

Ich werde nicht versuchen, die persönlichen Entdeckungen, die ich (durch-)gemacht habe, in dieser Darstellung, in eine geschlossene Struktur zu bringen. Denn ich glaube, daß sie gerade in ihrer jetzigen „rohen" Form Beweis dafür ist, daß Analytiker – falls sie ihre Theorie nicht als Dogma anwenden – die grundlegendsten psychoanalytischen Hypothesen jedesmal von neuem wieder entdecken, und daß solche Entdeckungen wirklich nur auf idiosynkratischen Wegen der persönlichen Erfahrung gemacht werden können, und immer angesichts von Widerstand. Wie ich durch den Prozeß der Darstellung meiner persönlichen Erinnerungen zu zeigen versucht habe, erforderte mein Weg von den überwiegend oralen zu den ödipalen Inhalten und im weiteren mein bewußtes Erkennen dieser Bewegung, beträchtliche innere Arbeit.

Ich glaube, daß der Prozeß meiner Entdeckungen zeigt, daß ungeachtet der vielen Varianten meiner ödipalen Strebungen – meine „böse" internalisierte Mutter, die Forderungen meines Über-Ichs und alles sonstige, das ich hier und in der Vergangenheit berührt und in mir selbst durchgearbeitet habe – es weitere Varianten zu diesen Themen gibt, die noch lebendig, aber bisher unberührt sind. Geschichten aus der Kindheit – und vieles, was damit emotional verbunden und vermischt wird – haben die Tendenz, solche Aussparungen zu bleiben. Aber wenn diese Aussparungen erst einmal entdeckt sind, können sie eine Via Regia zum inneren Kind sein.

Zusammenfassung

Diese Arbeit enthält zwei Teile. Im ersten Teil beschreibe ich das mich leitende Ziel und meinen Standpunkt, sowie die dazugehörigen Daten, mit denen ich das Schreiben an dieser Arbeit begann und wie sich im Lauf des Schreibens Änderungen in meiner These und eine Ausweitung meiner Absichten entwickelten. Im zweiten Teil zeige ich diesen Wandlungsprozeß in seinem Ablauf und erkläre ausführlich, welche Zwecke ich durch diese detaillierte Darstellung zu erreichen hoffe.

Um genauer zu sein, war es meine Absicht, als ich mit dem Entwurf begann, an einem Fall den universalistischen Zugang zu den Märchen in Frage zu stellen, und zwar aus zwei Blickwinkeln heraus: a) der zugrundeliegenden Vermutung, daß solche Märchen unveränderliche *allgemeine* latente Phantasien darstellen; b) seiner (fast) ausschließlichen Betonung der latenten Bedeutung von Märchen für *Kinder.* Basierend auf meiner früheren Arbeit (Eifermann, 1987a, b), die ich in der vorliegenden Arbeit erweitern wollte, war es meine Absicht, an meinem eigenen persönlichen Fall zu demonstrieren, daß, a) auch wenn Deutungen, die von Psychoanalytikern bei ihren Versuchen gegeben werden, ein bestimmtes Märchen zu interpretieren (Fromm, 1951, Bettelheim, 1976, Brenner, 1982) als „Narrative" (Spence, 1982, Schafer, 1983) überzeugend sein mögen, und auch wenn solche Deutungen als nützliche Paradigmen menschlicher Konflikte und Verhaltensweisen dienen können, zeigen sie doch nicht unbedingt die Bedeutungen des Märchens für das Individuum, weder im allgemeinen noch im besonderen; b) auch wenn universalistische Deutungen sich auf die Bedeutungen von Märchen für Kinder konzentrieren, bleiben solche Märchen und ihr damit verbundener persönlicher Kontext in der Tat im Erwachsenen erhalten (und sei es in entstellter Form); und weil sie oft eingekapselt und seit der Kindheit unberührt bleiben, muß eine Konfrontation mit ihnen im Erwachsenenalter Konflikte und Abwehrmechanismen heraufbeschwören, die zu dem Kind im Erwachsenen gehören.

Mein ursprüngliches Ziel war es, diese Gesichtspunkte zu erörtern, wie sie sich in „meinem“ *Rotkäppchen* spiegeln. Deshalb wollte ich detaillierte Beweise liefern, die auf meinem eigenen früher geschriebenen, mit diesem Märchen in Beziehung stehenden Material basieren (ein Entwurf und als Vorbereitung für eine frühere Arbeit geschriebene Notizen). Doch im Verlauf dieses Unternehmens, während ich dieses Material überprüfte und neue Assoziationen, Erinnerungen und Einsichten hinzufügte, wurde mir immer deutlicher klar, daß meine Daten die universalistischen Deutungen eher unterstützten als widerlegten.

Als Ergebnis dieser unerwarteten Entdeckung habe ich mich ebenso über die Ziele dieser Arbeit wie auch über ihren Inhalt geäußert. Zunächst versuche ich zu zeigen – was mein ursprüngliches Ziel war – daß das Spektrum der (latenten) Bedeutungen eines Märchens für das Individuum – *Erwachsener* ebenso wie Kind – viel größer ist als irgendeine allgemeine universalistische Deutung jemals erfassen kann. Zweitens versuche ich zu zeigen, wie ich zu meinen unerwarteten Entdeckungen gelangte, Entdeckungen, die im Gegensatz zu meiner ursprünglichen Sichtweise standen, daß nämlich meine eigenen persönlichen Daten die generelle Anwendbarkeit des universalistischen Ansatzes auf Märchen widerlegten.

Durch die Darstellung des detaillierten Prozesses, wie ich zu meinen Einsichten kam, versuche ich in einer Weise, der meine Leser kritisch folgen können, zu zeigen: Daß (selbst)analytische Arbeit an den latenten Bedeutungen von Märchen für den Einzelnen zu Einsichten und einem Verständnis führen können, die sehr gut, selbst beim Analytiker, Varianten eines alten Konfliktes enthüllen können, was für ihn/sie unerwartet und überraschend ist, sowohl bezüglich ihres Inhaltes als auch ihrer Intensität. Zusätzlich versuche ich zu erklären und zu zeigen, was mich befähigte – indem ich mein früher geschriebenes Material als Bezugspunkt benutzte – im Verlauf meiner Selbstanalyse sowohl Analytiker als auch Analysand zu sein.

Übersetzt von Helga Triendl und Regine Haesler[7]

7 Frau Professor Ruth Jaffe danke ich sehr für ihre freundliche Hilfe bei der Übersetzung. R. E.

Literatur

Arlow, J. (1969): Fantasy, memory, and reality testing. – In: Psychoanal. Q. 39, 28–51.

Bettelheim, B. (1986): The Uses of Enchantment. – New York: Alfred A. Knopf.

Blum, H. (1980): The value of reconstruction in adult psychoanalysis. – In: Int. J. Psycho-Anal. 61, 41–52.

Brenner, C. (1982): Mind in Conflict. – New York: Int. Univ. Press.

Darnton, R. (1984): The Great Cat Massacre. – New York: Random House.

Eifermann, R. R. (1984): Teaching psychoanalysis to non-analytical students through work on their own dreams. – In: Psychoanal. in Europe 22, 38–45.

Eifermann, R. R. (1987a): Varieties of denial: the case of a fairy tale. – In: E. Edelstein (ed.): Denial. New York: Plenum (im Druck).

Eifermann, R. R. (1987b): Interactions between textual analysis and related self-analysis. – In: S. Rimmon-Keynan (ed.): Discourse in Psychoanalysis and Literature. London: Methuen (im Druck).

Eifermann, R. R. (1987c): Children's games, observed and experienced. – In: Psychoanal. Study Child 42 (im Druck).

Eifermann, R. R. (1987d): „Deutschland" und „die Deutschen": Agieren von Phantasien und deren Entdeckung in der Selbstanalyse. – In: Jahrbuch der Psychoanal. 20, 165–206.

Freud, S. (1900): Die Traumdeutung. – Gesammelte Werke II–III. London: Imago 1942.

Fromm, E. (1951): The Forgotten Language. – New York: Holt.

Grimm, J. und Grimm, W. (1819): Kinder- und Hausmärchen. München: Winkler 1949.

Grinstein, A. (1983): Freud's Rules of Dream Interpretation. – Madison: Int. Univ. Press.

Schafer, R. (1983): The Analytic Attitude. – London: Hogarth Press.

Sloane, P. (1979): Psychoanalytic Understanding of the Dream. – New York: Jason Aronson.

Spence, D. (1982): Narrative Truth and Historical Truth. – New York: Norton.

Stoller, R. J. (1985): Presentation of Gender. Kapitel I: Search is not research. – New Haven: Yale Univ. Press.

Wetzler, S. (1985): The historical truth of psychoanalytic reconstruction. – In: Int. Rev. Psycho-Anal. 12, 187–198.

Der treue Johannes oder die Analyse eines jungen Mannes

Jochen Stork (München)

Das Märchen des treuen Johannes birgt, um es vorweg zu sagen, ein besonderes Geheimnis. Ich meine damit das rätselhafte Ereignis des Kindermordes, womit auf grausame Art und Weise nicht, wie man gemeinhin denken könnte, ein tragischer Ausgang herbeigeführt, sondern im Gegenteil verhindert und eine Lösung geschaffen wird. Wenn ich gerade dieses Märchen gewählt habe und es mich drängt, hierüber nachzudenken, so ist dies gewiß aus einer tief persönlichen Neigung geschehen, die mir leider verborgen ist. Nicht verborgen ist mir jedoch mein eindringlicher Wunsch zu verstehen und zu begreifen, wieso es einen Sinn geben kann, einen Mord – und obendrein einen Kindermord – zu einer Lösung zum Guten zu machen.

Auf der Suche nach dem Verstehen fand ich wohl eine mir schlüssige Erklärung für diese Tat; wir finden immer eine Antwort auf unsere Fragen, welch Glück und gleichwohl welch Unglück. Ich fand aber noch etwas Anderes, das mir bemerkenswert erscheint. Ich meine die Entdeckung, daß das Märchen vom treuen Johannes eine Geschichte mitteilt, die im eigentlichen Sinne den Verlauf der Analyse eines jungen Mannes wiedergibt. Dieser Umstand kann uns neugierig machen, weil er uns Gelegenheit gibt, über die ursprüngliche Wirkung des Märchens nachzudenken; ein Problem, das eine lohnenswerte Aufgabe darstellt, wenn wir nicht gewillt sind, uns mit einfachen Wahrheiten abzufinden.

Aber geben Sie mir vorweg Gelegenheit, Sie in aller Kürze an den Inhalt dieses Märchens zu erinnern.

Es beginnt mit den Sorgen eines sterbenden Vaters um seinen Sohn. Der treue Johannes, sein liebster Diener, soll ihm Pflegevater sein und ihm alle Schätze des Schlosses überantworten. Der sterbende Vater hat jedoch ein besonderes Anliegen, nämlich daß dem Königssohn der Zugang zu einer Kammer verwehrt wird, in der das Bildnis der Königstochter vom Goldenen Dache verborgen steht. Er ahnt voraus, daß, wenn der Sohn das Bild erblickt, er heftige Liebe empfinden, in Ohnmacht niederfallen und ihretwegen in große Gefahren geraten wird. Der treue Johannes gibt dem sterbenden König die Hand darauf, seinen letzten Wunsch zu befolgen.

Nach dem Tode des Königs, als der treue Johannes dem Königssohn das Schloß mit allen seinen Schätzen zeigt, bemerkt dieser sogleich, daß eine Türe ausgespart bleibt. Er verlangt, daß auch sie geöffnet wird, aber der treue Johannes widersetzt sich dem Wunsch, eingedenk seines Versprechens. Erst als der Königssohn erklärt, es bedeute sein sicheres Verderben und er werde nie mehr Ruhe finden, bis er gesehen habe, was sich hinter dieser Türe verbirgt, und befiehlt, sie zu öffnen, gibt der Pflegevater nach.

Als der junge König das so liebliche und schöne Bildnis erblickt, verwirklicht sich die Vorahnung des Vaters: sogleich ist er der Abgebildeten völlig verfallen und will sein Leben daran setzen, um sie für sich zu erlangen.

Wir erfahren darauf, daß der treue Johannes über die Königstochter vom Goldenen Dache gut Bescheid weiß und beide einen Plan ersinnen, wie man diese entführen könnte. Die Königstochter lebt in einem Schloß, in dem alle Dinge, die sie umgeben, aus Gold sind; sie ist der Faszination des Goldes erlegen. So rät der treue Johannes seinem Herrn, einen Teil des Goldschatzes des Vaters zu allerlei Gerätschaften und wunderbaren Tieren verarbeiten zu lassen, um das Gefallen der Königstochter zu gewinnen. Nun begeben sich beide als Kaufmannsleute verkleidet in deren Stadt. Hier können sie die Neugierde der Königstochter erregen, so daß sie einwilligt, auf das Schiff des jungen Königs zu kommen, um die ausgestellten Goldschätze anzuschauen.

Während der junge König ihr alle Kostbarkeiten im Innern des Schiffes zeigt, hat der treue Johannes bewirkt, daß das Schiff den Hafen verläßt. Die Königstochter bemerkt die Entführung und den Betrug zu spät. Als ihr jedoch der König von seiner Abkunft und dem Ablauf der Geschichte erzählt und gesteht, daß alles aus übergroßer Liebe geschehen ist, wird sie ihm zugetan und willigt ohne Umstände ein, seine Gemahlin zu werden.

Während der Schiffahrt geschieht ein wundersames Ereignis. Der treue Johannes lauscht dem Gespräch von drei Raben, die Unheil verkünden und von drei Gefahren sprechen, denen der König ausgesetzt sein wird. Zum einen werde ihm ein fuchsroter Gaul entgegenspringen, und sollte er nicht das Pferd mit dem Gewehr, das im Halfter steckt, erschießen, sondern sich aufschwingen, werde er in die Lüfte davongetragen und sehe seine Jungfrau nie wieder. Zum anderen, sollte diese Gefahr gemeistert werden, warte im Schloß auf ihn ein gemachtes Brauthemd, gewebt aus Gold und Silber, das jedoch aus Pech und Schwefel sei. Wenn er es anlege, verbrenne es ihn bis auf Mark und Knochen. Gerettet werden könne er nur, wenn jemand mit Handschuhen das Hemd nehme und es sogleich ins Feuer werfe. Zum dritten, sollte der König auch dieser Gefahr entkommen, werde die Königin beim ersten Tanz nach der Hochzeit tot umfallen, wenn nicht jemand ihr aus der rechten Brust drei Tropfen Blut ziehe, um diese dann wieder auszuspucken. Es kommt noch hinzu, daß der treue Johannes, wenn er dem König von diesen Gefahren sprechen würde, zu Stein erstarre, so daß ihm zuletzt nur die eine Lösung bleibt, nämlich diese Gefahren persönlich von seinem Herrn abzuwenden. Damit hat er das Leben seines Herrn in der Hand, könnte Komplice dieser dunklen Kräfte werden oder aber seinen Herrn retten, wobei er Gefahr läuft, dabei selber zugrunde zu gehen.

Er entschließt sich für letzteres, tötet den prächtigen Gaul und wirft das so reich glitzernde Brauthemd ins Feuer. Niemand, auch der König nicht, versteht seine Handlungen, man läßt ihn jedoch gewähren. Als die Braut jedoch beim Tanz wie tot zu Erde fällt, der treue Johannes sie in eine Kammer trägt und ihr drei Blutstropfen aus der rechten Brust saugt, ist die Geduld des Königs erschöpft, er wirft ihn ins Gefängnis und verurteilt ihn zum Tode.

Der treue Johannes bittet um ein letztes Wort bevor er zum Galgen geführt wird, erzählt die Geschichte von den drei Raben und wird sogleich zu Stein verwandelt.

König und Königin sind von großem Leid und großer Trauer geplagt. Der junge König läßt das steinerne Bild in seiner Schlafkammer neben sein Bett stellen und ist Tag und Nacht von dem Wunsch beseelt, den treuen Johannes wieder lebendig zu machen.

Die Königin gebiert Zwillinge, zwei Söhne. Als der Vater eines Tages mit diesen alleine ist und sich wieder einmal fragt, wie er nur den treuen Johannes wieder ins Leben zurückbringen könnte, fängt der Stein an zu reden: Wenn Du dein Liebstes daranwenden willst, wenn du mit deiner eigenen Hand deinen beiden Kindern den Kopf abschlägst und mich mit dem Blut bestreichst, so erhalte ich das Leben wieder. Der Vater überwindet seinen Schrecken, schreitet zur Tat und es geschieht, was die Stimme vorausgesagt hat. Der treue Johannes lohnt die Tat und macht die Kinder wieder lebendig. Bei der Rückkehr der Königin wird auch diese gefragt, ob sie mit einer Tötung der Kinder einverstanden sei, um den treuen Johannes wieder zum Leben zu erwecken. Auch sie willigt ein.

Und das Märchen schließt: Sie lebten alle in Glückseligkeit bis an ihr Ende.

Versuch einer Deutung

Wie schon erwähnt, möchte ich versuchen, Ihnen dieses Märchen wie die Beschreibung eines Verlaufes einer psychoanalytischen Behandlung eines jungen Mannes nahezubringen. Den Rahmen der Handlung dieses Märchens bildet, so will mir scheinen, das anfängliche Verbot des Vaters sowie die Enthauptung der Kinder, die am Ende die Lösung möglich macht, und die die tiefe Schwermut überwinden hilft, die alle befallen hat. Zwischen diesen beiden Polen nehmen wir an einer Art Märchen-Drama, an einer Abfolge teil, in der uns das Schicksal eines Menschen geschildert wird, der von einem Liebesbessenen zu einem Erkenntnissuchenden wird; und dies mit Hilfe eines anderen, eines Dritten, der lange Zeit über wie ein abgespaltenes inneres Objekt angesehen werden kann.

Im *ersten Akt* möchte der sterbende Vater mit seinem Verbot den Sohn vor der unwiderstehlichen Liebe, aber vor allem vor dem Wunsch nach Vereinigung mit dieser wunderschönen Frau bewahren; und dies wegen der tödlichen Gefahren, die, wie er voraussieht, von einer solchen Verbindung ausgehen werden. Er selbst hat das Bildnis dieser Frau wie einen Schatz bewahrt. Er hat sich aber auch mit dem Bildnis begnügt, worin wohl eine Distanzierung von dem primären Wunsch zu sehen ist. Aber in ein Bild verliebt man sich nicht, wie Heino Gehrts richtig schreibt (diesen Hinweis verdanke ich Herrn Walter Scherf, der mich auf einen Brief von Herrn Gehrts an ihn selber aufmerksam gemacht hat). Gehrts meint, die Liebe entspringe dann aus der Schicksalsmagie, die mit dem Bild verwoben ist, die die Fesseln schlingt. Und er verweist auf Märchen, in dem der Knabe nicht geboren werden kann, ehe nicht die Fee ihm durch ein Heiratsversprechen zur Geburt verhilft; oder in dem ein Säugling unaufhörlich schreit und weint und erst durch das Versprechen der überirdisch schönen Braut getröstet werden kann.

Diese überaus aufschlußreichen Bemerkungen verweisen uns mit unserem psychoanalytischen Wissen darauf, daß das Bildnis, welches eine solche Kraft und Anziehung besitzt, nur das Bildnis der geliebten Mutter aus der Kindheit sein kann; einer Mutter-Imago die Gefahr und Tod bringt.

Für den Sohn ist das Verbot des Vaters dermaßen existenzbedrohend, sein sicheres Verderben. Er muß sich sein Verlangen, die Königstochter zu besitzen, unmittelbar und ohne Verzug erfüllen. Damit treffen die gegensätzlichen Wünsche von Vater und Sohn aufeinander und beide verheißen Unheil, was auch geschehen mag.

Da das Märchen große Verwandtschaft zum Traum aufweist und auch wohl der Traum als sein ursprüngliches Element betrachtet werden kann, – ohne, und dies betont, dem Traum identisch zu sein – so scheint es mir legitim, das Märchen wie einen Traum zu deuten. Verfahren wir auf diese Weise, so gilt es, innere Zusammenhänge aufzudecken, die alle Gegebenheiten miteinander sinnvoll verknüpfen und auf die Existenz innerer Objekte zurückführen. Es gälte auch, den primären halluzinierten Triebwunsch ausfindig zu machen, der sich wohl in der Eroberung dieser Frau konkretisiert und dem nachzuspüren, zu wessen Kosten dieses geht und was die innere Zensur an Schuld- und Strafbedürfnissen aufrichtet.

Dem Träumer, als dem Königssohn der Erzählung, würde dann das Geheimnis des Vaters, die Liebe zu dem schönen Bildnis - von dem, wie der Sohn phantasiert, der Vater nur das Bildnis besitzt, das heißt, die Liebe zu einer Frau, die er zu begehren erstrebt - von vornherein bekannt sein. Wir hatten schon erwähnt, daß dieses Bildnis erst durch die Erinnerung an die Mutter der Kindheit seine volle Bedeutung bekommt. Aus dieser Sicht steht am Anfang unseres Märchens der ödipale Wunsch des Sohnes, den Vater sterben zu lassen, ihn zu töten, um auf diese Weise in den Besitz der Mutter zu gelangen. Damit wird die Vatertötung und der Inzestwunsch zur zentralen Thematik. Andere Fassungen des Märchens können uns übrigens in einer solchen Annahme bestärken, wenn sie hervorheben, daß das Bildnis in der verbotenen Kammer der Mutter gleicht.

Viele Analysen beginnen mit so offenkundig ödipalen Phantasien. So berichtet mir ein Patient zu Beginn seiner Analyse davon, daß seine Frau und sein 15-jähriger Sohn zusammen in den sonnigen Süden in die Ferien gefahren seien, er hingegen habe es vorgezogen, alleine in den kalten Norden zu gehen. Um mir darauf von einem Traum zu berichten, in dem er am Straßenrand auf einem Stuhl gesessen und zugesehen habe, wie sich sein Sohn auf der Straße im Schneematsch auf wunderliche Weise gewälzt habe. Es sei ein Lastwagen gekommen, dessen Reifen genau auf den Kopf des Sohnes gerichtet gewesen seien. Der Fahrer habe aber in letzter Minute einen kleinen Bogen gemacht und ihn dabei hämisch angegrinst.

Ich kann hier nicht in die Diskussion des Traumes einsteigen, der wohl dadurch verständlich wird, daß der Vater sich identifiziert mit seinem Sohn und dessen Wunsch, die Mutter für sich zu gewinnen, sich die Strafe seines eigenen Vaters phantasiert, der ihn töten will, wie er ähnliche Gedanken gegenüber seinem eigenen Sohn hat.

Der Beginn der Analyse mit einem Material, das demjenigen des klassischen Ödipuskomplexes entspricht, ist aber meiner Erfahrung nach keine zufällige und einzig kuriose Sache, über die man hinwegsehen kann. Es ist vielmehr ein Versuch, der übrigens immer scheitert, den Vater und seine Imago nicht eigentlich zu vernichten, sondern inexistent zu machen, um sich in narzißtisch-inzestuöser Weise der Verherrlichung der Mutter-Imago und damit natürlich auch dem eigenen

Selbst hinzugeben. Dies entspricht einer Situation des gegenseitigen Verschlungenseins und Verschlingens, in dem die eigene Existenz abwesend ist und nur einen Teil der Mutter-Imago darstellt. Wenn im klassischen Ödipuskomplex die Auseinandersetzung mit dem Vater im Mittelpunkt steht – wie übrigens später in unserem Märchen, als der treue Johannes eine eigene Existenz bekommt – so soll in diesem Stadium der Vater keine Eigenständigkeit haben und sein Verbot muß ohne weiteres überschritten werden. In diesem Prozeß ist dabei letztlich das dritte Element keineswegs inexistent. Es spielt, verleugnet und abgespalten, verachtet und reduziert auf ein Hilfsmittel, eine bemerkenswerte Rolle; eine Rolle, die man mit der des Analytikers vergleichen kann oder genauer, mit der Besetzung, die ein Analytiker durch seinen Patienten erfährt. Dieses Thema läuft wie ein roter Faden durch unsere Erzählung und wir werden es später wieder aufgreifen müssen.

Wenn wir diesen Gedankengängen folgen, so ist es nicht erstaunlich, sondern folgerichtig, wenn der Träumer an die Stelle des verstorbenen Vaters eine andere Vaterfigur, eine Verwandlungsform setzt, die die Verbote des Vaters verwalten soll. Der Vorgang erinnert an die Verwandlung der lieben und gütigen Mutter in die böse Stiefmutter und Hexe, deren sich das Märchen so ausgiebig bedient, um den Ablösungsvorgang des Kindes zu beschreiben. Es ist jedoch von großer Wichtigkeit, daß in unserem Falle der todgewünschte Vater dem Sohn als treuer Begleiter, aber auch als Mittler, Wissender und Eingeweihter, erhalten bleibt und sich nicht in eine verfolgende Vater-Imago verkehrt; was uns Anlaß gibt, von einer ersten positiven Übertragung zu sprechen.

In dieser neuen Konstellation nun wird eine Auseinandersetzung mit dem ödipalen Wunsch des Sohnes, die Frau des Bildnisses für sich zu gewinnen, möglich. Um was für eine Königstochter aber handelt es sich, was für einen Wunsch drückt der Sohn mit seinem Verlangen aus? Wie so oft im Märchen wird uns *die Königstochter vom goldenen Dache* nur mit wenigen Zügen charakterisiert. Eines ihrer Kennzeichen ist die ungemeine Macht der Verführung, die von ihr ausgeht, es gibt nichts Herrlicheres und Lieblicheres auf der Welt als sie. Ein weiteres ist die Fülle an Gold, die sie umgibt. Es wird berichtet, daß alles bei ihr aus Gold ist, bis zu den einfachsten Dingen. Aber es ist auch das Gold, das sie angreifbar und verführbar macht, weil sie unersättlich ist und davon nicht genug haben kann. Bei alldem ist es dennoch schwer, ihrer ansichtig zu werden, und ihr Anblick löst Schrecken und Ohnmacht aus, wie er auch abhängig werden läßt.

Das Gold, als das edelste Metall, steht wohl als Sinnbild für unendlichen Reichtum, aber vor allem für Unveränderlichkeit, Ewigkeit und Vollkommenheit; Eigenschaften, die Freud (1913, 285 f.) dem Unbewußten zurechnet, und Vorstellungen, die wir in engen Zusammenhang mit dem primären Narzißmus zu bringen gewohnt sind. Zur Bedeutung des Goldes gehört aber auch das anale Element, das dieses symbolisch mit seinem Gegenteil, mit Kot und Exkrementen gleichsetzt; eine Seite, die uns gerne verborgen bleibt, wenn wir von dem Gold als dem intimsten und heiligsten Geheimnis der Erde sprechen. So kommt auf der Ebene der Objektbeziehung zu der narzißtischen Einzigartigkeit und Autonomie der Wunsch nach Beherrschung des Objektes.

Unsere unwiderstehliche Königstochter lebt vor ihrer Entführung sozusagen im goldenen Zeitalter, dessen Mythos, wie uns Ranke-Graves (1955, 29 f.) berichtet, einer Tradition der Stammesanbetung der Bienengottheit entspricht. Dieses Zeitalter, einem phantasierten Matriarchat zugehörig, wird von der idealisierten Überzeugung getragen, die Menschen hätten einst harmonisch wie Bienen miteinander gelebt und ein langes und sorgloses Leben ohne Not, Arbeit und Gesetz genossen. Die Grausamkeit in Form der absoluten Beherrschung durch die Bienenkönigin, die inhärent einem solchen Phantasma innewohnt, wird völlig geleugnet.

Frauengestalten und Göttinnen der Art wie die Königstochter vom goldenen Dache sind in den Mythen und Märchen beinah aller Völker keine Seltenheit. Eine der ältesten und bekanntesten kommt, zumindest wenn man der klassischen deutschen Literatur folgt, aus der alten ägyptischen Überlieferung. Es ist die Göttin Isis als das verschleierte Bild zu Sais, die eine große Faszination ausstrahlt, aber deren Schleier kein Sterblicher ungestraft zu heben vermag, deren Antlitz besinnungslos und irre macht (siehe Schiller und Novalis). Aber auch die Gorgo Medusa gehört zu diesen Frauengestalten. Ihr Antlitz bewirkt nicht nur Ohnmacht und Irresein, es versteinert, und mit unserem analytischen

Verständnis mögen wir folgern, wohl weil sie eine solche Faszination und Anziehung ausübt, daß sie anschauen, sie einverleiben bedeutet. Erst Perseus kann sie mit Hilfe von Athenes Bronzeschild erlegen, weil er auf diese Weise nur ihr Abbild sieht und nicht direkt ihrem Blick ausgesetzt ist.

In der Tat war Medusa, Tochter des weisen alten Mannes Phorkys und seiner unförmigen Riesenschwester Keto, vordem von äußerst schönem Ansehen und Gestalt. Erst Athene verwandelte sie in dieses geflügelte Ungeheuer mit glühenden Augen und riesigen Zähnen, heraushängender Zunge und Schlangenlocken, weil sie ihre Schönheit beneidete, sagen die einen, weil Medusa Poseidon in ihrem Tempel verführt hatte, sagen die andern. Als Perseus sie später bezwang und ihr den Kopf abschlug, entsprangen ihrem toten Leib die Kinder des Poseidon, Pegasos, das geflügelte Pferd, und Chrysaor, ein Krieger, die sie so lange Zeit in ihrem Bauch zurückgehalten hatte.

Athene befestigte das schreckenerregende Haupt an ihrer Aegis zum Schutze ihrer Jungfräulichkeit und verschaffte ihm damit eine ewige Geltung in der Kunst des Abendlandes. Und wenn Freud (1940, 47f.) den Schreck beim Anblick der Medusa mit dem Kastrationsschreck und damit dem weiblichen Genitale verknüpft, so zeigt sich auch hier die grauen- und gleichwohl lusterregende Wirkung in einem seltsamen Verhältnis zueinander.

Goethes Helena ist nicht minder eine solche Frauengestalt. Bei ihrem Anblick ruft Faust aus:

Hab' ich noch Aug? Zeigt sich tief im Sinn
Der Schönheit Quelle reichlichstens vergossen?
Mein Schreckensgang bringt seligen Gewinn.
…
Du bist's, der ich die Regung aller Kraft,
Den Inbegriff der Leidenschaft,
Dir Neigung, Lieb', Anbetung, Wahnsinn zolle
…
Wer sie erkannt, der darf sie nicht entbehren.

Mit diesen Worten bringt er zum Ausdruck, in welcher Weise er ihr, die er mit Hilfe von Mephisto und dessen Schlüssel aus der Welt der Mütter entführt hat, erlegen ist. Zu seiner Wanderung durch die Zeiten, um Helena zu gewinnen, um sich mit ihr zu verbinden, wird, was mir wichtig erscheint, Manto, die Tochter des Teiresias (der später Dante in der Göttlichen Komödie den Kopf nach hinten aufsetzt, damit sie nicht weiter in die Zukunft schauen kann) sagen: „Den lieb' ich, der Unmögliches begehrt".

Es wäre nicht ohne Gewinn, die einzelnen Wegmarken und Prüfungen, dem Herakles ähnlich, nachzuvollziehen, die Faust durchschreiten muß, um Helena zu gewinnen. Hier lassen Sie mich aber einzig auf das Ende ihrer Verbindung hinweisen. Es ist ausgelöst durch den frühen Tod ihres gemeinsamen Sohnes Euphorion. Dessen ungestümem Streben nach Herrlichem, Höherem, Unmöglichem, was in dem Anspruch, fliegen zu können gipfelt – zu den Eltern gewandt: „Gönnt mir den Flug –" sein Absturz aus dem Flug vor den Augen der Eltern folgt, was zum Grund ihrer Trennung wird.

Wie gut paßt hier hinein ein Zitat aus der kleinen Schrift „Die Geburt der Helena" von Kerenyi (1945, 9): „... das schönste Weib und das größte Verhängnis für die Menschheit war: Helena."

Mit diesen Ausführungen läßt sich zusammenfassend auf die oben gestellte Frage antworten, daß die Königstochter vom goldenen Dache ein Nachkomme der großen, mythischen Muttergottheiten und archaischen Muttergestalten zu sein scheint, die uns besonders anziehend und schön auf der einen Seite und als überaus mächtig und schrecklich auf der andern Seite bekannt sind. Ihnen gehört das Reich der Toten ebenso wie dasjenige des übermäßigen und grenzenlosen Lebens, der unendlichen Fruchtbarkeit und der blendenden Schönheit. Eines ihrer hervorstechenden Merkmale besteht in der Verführung von Jünglingen, die den Genuß ihrer Liebe mit Kastration, Zerstückelung und Tod bezahlen (Neumann, 1949, 65–78). Sie sind in Phantasien und Bilder gegossene Kräfte des innerpsychischen Geschehens des Menschen, die wir gewohnt sind, einer narzißtischen und psychotischen Vorstellungswelt zuzurechnen. Sie sind archaische Bilder, den Urphantasien verwandt, die die Vollkommenheit und Glückseligkeit, die Einzigartigkeit und Unmöglichkeit in der Verschmelzung mit einer primitiven Mutter-Imago unter Leugnung der äußeren Realität zu verwirklichen suchen. Sie sind von angsterregenden Wünschen beherrscht, die in der Auflösung der Grenzen der eigenen Existenz und der Überschreitung des Inzestverbotes gipfeln. Schließlich sind sie der Ausdruck des Aufeinandertreffens von ungebundenen primär-narzißtischen Strebungen mit verleugneten und abgespaltenen Individuationsversuchen, die um so penetranter anwesend sind, als sie abwesend sein sollen.

Was aber kann ein Kind, was ein Erwachsener von all dem verstehen, wenn ihm von der Königstochter vom goldenen Dache vorgelesen wird? Überhaupt läßt sich fragen, ob die große Freude und offensichtliche Begeisterung, mit der Kinder Märchen immer wieder hören, auf einem Verständnis *der* Zusammenhänge besteht, die wir als Erwachsene ihnen in manchmal mühsamer Arbeit geben. Es bleibt immer rätselhaft, was das Kind von einem Märchen begreift und was ihm fremd bleibt, nicht zuletzt, weil es durch seine Lebensgeschichte und sein persönliches Unbewußtes eine Auswahl trifft. Aber wir haben guten Grund zu der Annahme, daß das Kind nicht nur einer solchen phantastischen Vorstellungswelt nähersteht, als wir es erahnen können, sondern auch mehr begreift als wir, sei es alleine um seinen Vorstellungen und Phantasien Form und Gestalt zu geben, um eine erste Orientierung zu schaffen, die Vergangenes und Zukünftiges, die Kontinuität und Diskontinuität zu strukturieren vermag.

Diese Ausführungen werden besser verständlich, wenn ich mit F. Pasche (1982) das früheste Erleben des Kindes folgendermaßen skizziere: Nach der Geburt, nach der Trennung von dem Körper der Mutter – und sogar im Laufe einer äußerst befriedigenden mütterlichen Fürsorge – sieht sich das Kind, zu Anfang in Form von Alpträumen, seltener von Ängsten im Wachzustand, dem zerstörerischen Wunsch ausgesetzt, in den Mutterleib zurückzukehren, sich dort verschlingen zu lassen und, weil es sich davon nährt, sich davon vereinnahmen zu lassen. Das Kind wird über diese Wünsche triumphieren müssen, um seine Identiät zu erobern, anders gesagt, seine Existenz, getrennt von der Dyade, von der es nur eine, sie konstituierende Hälfte wäre.

So hat schon das kleine Kind mit dem verführerischen Monstrum zu kämpfen, die archaische Mutter zu bestehen.

Mit der Entführung beginnt ein *zweiter Akt* in diesem Märchen-Drama. Er beinhaltet hauptsächlich die *tödlichen Gefahren für das Leben des*

Sohnes, die gleichermaßen Versuchungen und Prüfungen darstellen, worauf die Versteinerung des treuen Johannes folgt, weil er zum Wissenden und Eingeweihten geworden ist.

Wie in anderen Brautwerbe-Märchen belagert kein Drache die Prinzessin, um sie zu verschlingen, und muß besiegt werden (Die zwei Brüder); noch soll die wunderschöne Braut im gläsernen Berg und der Unterwelt von ihrer Tiergestalt erlöst werden (Von der schönen Schwanenjungfer); auch ist kein Rätsel von einer grausamen Königstochter zu lösen, der es eine Freude ist, die Köpfe der erfolglosen Freier aufzuspießen (Turandot).

In diesem Märchen genügt eine recht einfache List, so sehr ist die Königstochter dem Golde verfallen. Das Eingeständnis der Liebe hernach rechtfertigt in ihren Augen die Tat der Entführung und läßt sie die Einwilligung zu der Hochzeit mit ihrem Goldprinzen geben, so daß wohl alles was geschieht, ganz in ihrem Sinne sein muß.

Wir hatten schon gesehen, daß der treue Johannes, dem die Vaterrolle übertragen wurde, dem Königssohn kaum widersteht, das Verbot des Vaters nicht lange aufrecht erhält und dem drängenden Wunsch des Königssohnes sogleich nachgibt. Aber mehr noch, er vollzieht eine entscheidende Wandlung, indem er nun zum treuen Helfer und damit zum Werkzeug und zum Mittler des Sohnes wird. Er verliert seine Eigenständigkeit und es entsteht zwischen beiden eine Intimität, die zwischen zwei Menschen verschiedener Generationen etwas Suspektes hat, an eine homosexuelle Beziehung denken läßt, in der sich der Vater völlig unterordnet. Das verbietende Element verwandelt sich in ein vermittelndes. Der Sohn macht Gebrauch von dem Vater, um seinem Eshaften Drang, seinem primitiven Liebes(Es)-Impuls nachzugeben, mit einer Rücksichtslosigkeit, wie sie uns Winnicott (1955) in vielen Schriften als einer frühen Beziehung zwischen Analysand und Analytiker dargelegt hat. Es ist natürlich möglich, den treuen Johannes in dieser Funktion als Dritten zu bezeichnen, der der Triebhaftigkeit die Ich-Funktionen und damit einen ersten Abstand zu den archaischen Mutterbildern gegenüberstellt, um eine absolute Abhängigkeit von den psychotischen Wunschregungen zu verhindern und um ein Entgleisen des narzißtischen Höhenfluges zu vermeiden. Dabei ist es aber wichtig zu sehen, daß der treue Johannes nichts anderes als ein Hilfsmittel sein darf, das den Zielen des Sohnes dient, kein Eigenleben hat und vor allem seine verbietende und somit moralische Funktion völlig aufgibt.

Die Rolle des treuen Johannes erfährt eine neue Veränderung, wenn er auf dem Schiff das kommende Unheil voraussieht. Das Märchen läßt drei Raben als böse Vorzeichen auftreten, die sich obendrein durch ihre Geschwätzigkeit als Vögel des Apollon erweisen und ihr Geheimnis verraten. Aber es enthält eine besondere Hinterhältigkeit. Der in das Geheimnis Eingeweihte darf von seinem Wissen keinen Gebrauch machen. Ihm ist bei Strafe der Versteinerung untersagt, den Sohn und seine Braut vor der tödlichen Gefahr und Versuchung, die sie erwartet, zu warnen.

Die Vaterfigur steht so vor der Wahl, entweder dem Geschehen zuzusehen, das heißt, gemeinsame Sache mit den dunklen Mächten zu machen, die das Unheil verursachen, das heißt auch, sich an dem Sohn wegen der Überschreitung des Verbotes zu rächen. Hinzu kommt, daß er sowieso in der Macht der archaischen Mutterbilder steht. Oder aber er verhindert eigenhändig die Gefahren, meistert die Prüfungen, besteht die Versuchungen und widersetzt sowie entlarvt damit die Macht der archaischen Mutterbilder. Aber er ahnt schon, daß er damit riskiert, von dem Sohne zum Tode verurteilt zu werden, da er dessen narzißtische Frohlockungen vereitelt und verbietet.

Wir müssen auch bedenken, daß das Märchen mit alledem zum Ausdruck bringt, daß der Sohn jede Warnung des Vaters bezüglich dieser Verlockungen in den Wind geschlagen hätte, da er gar nicht fähig war, in seinem wahnsinnigen Liebesrausch und narzißtischen Hochgefühl sich die Existenz solch dunkler Kräfte vorzustellen. Dieser Umstand erinnert mich an einen Patienten, der mir eines Tages recht unverblümt vorwarf, ich hätte eine eigenartige Philosophie und sei der Überzeugung, daß nur ein kastrierter Mann ein Mann sei. Dies mag ein wenig zeigen, auf welche Weise der treue Johannes als Analytiker von seinem Königssohn besetzt ist, das heißt, daß er beginnt zu erwarten, daß dieser Dritte nur bittere Wahrheiten aussprechen muß, von denen er nichts hören will. Aber bedenken wir weiter, daß ohne die Anwesenheit des treuen Johannes unser Held sozusagen ins Messer laufen würde, ihm die psychotische Vernichtung bevorstünde.

Die tödliche Gefahr und Versuchung kommt als ein prächtiges fuchsrotes Zauberpferd, das den Königssohn in die Lüfte entführen soll; in Form eines Brauthemdes wie aus Gold und Silber, das den Bräutigam bis auf Mark und Knochen verbrennen soll; und letztlich mit dem ersten Tanz nach der Hochzeit. Andere Fassungen desselben Märchens sprechen von ähnlichen Gefahren. Die meisten erwähnen das Zauberpferd, das brennende Brauthemd und einen Gifttrank. Hinzu kommt manchmal eine vierte, die in dem Kampf mit einem Drachen in der Brautkammer während der ersten Nacht besteht.

Wie leicht einsichtig, bestehen zumindest die beiden ersten Gefahren eigentlich aus narzißtischen Versuchungen. Der Königssohn soll verführt werden, sich auf das wunderschöne Pferd als Ausdruck unkontrollierter Triebhaftigkeit zu schwingen; ein Pferd, das ihn in die Lüfte tragen und allem Irdischen entheben wird. Also ein geflügeltes Zauberpferd, wie der Sprößling der Medusa, der ihrem Leib erst entweichen durfte, als Perseus ihr das Haupt abschlug. Das Brauthemd stellt nach alter Sitte das zentrale Geschenk der Braut für den Bräutigam dar. Wenn es hier verführerisch wie Gold und Silber glitzert, wie ein Gewand von Engeln aller irdischen Leiblichkeit entbehrend, aber dazu angetan ist, den Bräutigam bis auf die Knochen zu verbrennen, so ist die Andeutung nicht zu übersehen, daß die dunklen Kräfte mit der Braut in Zusammenhang stehen. Es ist auch das vergiftete Gewand, das Medea ihrer Rivalin Glauke zur Hochzeit schenkt, und das sie, wie auch ihren Vater Kreon, in Flammen aufgehen läßt.

Sollte aber dem Königssohn mit diesen Versuchungen nicht beizukommen sein, so richtet sich der letzte Versuch, die Vereinigung beider zu verhindern, gegen die Braut. Sie wird beim Tanz nach der Hochzeit in den Armen ihres Mannes vergiftet umfallen. In anderen Fassungen spielt die letzte Gefahr im Schlafzimmer der Eheleute, was nahelegt, daß wohl auch mit dem Tanz sinnbildlich auf das erste geschlechtliche Zusammensein angespielt wird.

In vielen Brautwerbe-Märchen (z.B. Der liebste Roland und die Nelke usw.) tritt die von der Tochter zurückgelassene Mutter als alte Frau, Hexe oder Stiefmutter auf, um letztere grausam zu verfolgen und schließlich mit dem Tode zu bestrafen. In unserem Märchen treten die Gefahren und Versuchungen ohne die Verbildlichung eines solchen archaischen Mutterbildes auf, womit das Geschehen eine zusätzlich innerpsychische Dimension erhält. Die Gefahren werden hier zu Versuchungen, Verlockungen, Verführungen, womit die narzißtische Natur dieses Geschehens unterstrichen wird.

Bei der dritten und letzten Prüfung jedoch, als nämlich der treue Johannes die wie tot zur Erde gefallene Braut in die Kammer trägt und ihr drei Tropfen Blut aus der rechten Brust saugt, ist alles Wohlwollen und alles Vertrauen verspielt und der Sohn verurteilt den Vater zum Tode. Es scheint mir lohnend, sich darüber Gedanken zu machen, warum dieses letzte und entscheidende Eingreifen des treuen Johannes solch heftige Reaktion auslöst. Zu dieser Frage schreibt Walter Scherf (1982, 384) in seinem Lexikon der Zaubermärchen, daß diese Szene in der Grimmschen Fassung verblaßt und rätselhaft erscheinen muß. Üblicherweise werde erzählt, daß sich der Helfer während der Nacht heimlich in die Brautkammer begibt, um einen Drachen zu erlegen, der das Leben des jungen Paares bedroht, sie verschlingen möchte. In dem Augenblick aber, in dem der Helfer versucht, alle Spuren des Kampfes zu beseitigen und auch Blutspritzer von der Brust der Braut entfernen will, wacht der Bräutigam auf, mißversteht dessen Tun und verurteilt ihn zum Tode. Dazu sei noch die russische Version dieses Märchens „Der unsterbliche Koschtschej" angeführt. Hier wird dieselbe gnadenlose Reaktion des Zarensohnes durch den Umstand ausgelöst, daß der weise Beschützer seiner Lieblingskuh, deren Milch er seit seiner Kindheit trinkt - wie hinzugefügt wird - den Kopf abschlägt; und zwar in dem Augenblick, als diese sich anschickt, ihn mit ihren Hörnern zu durchbohren - wovon wiederum nur der Erzähler erfährt.

Anhand dieser Details ist es einsichtig, daß es weiterhin um die Bedrohung von Seiten der archaischen Mutter-Imago geht, die die geschlechtliche Verbindung und damit die endgültige Loslösung von ihr mit letztem Aufbäumen verhindern will. Der Vater, nicht der Sohn, versucht stellvertretend diesen Drachenkampf zu bestehen. Er kann zwar die Braut retten, die Trennung aber von der archaischen Mutter, die Überwindung der malignen narzißtischen Kräfte kann nicht vollzogen werden.

Zu dieser Thematik kommt jedoch eine besondere Einzelheit, die in so gut wie keiner Version des Märchens fehlt. Ich meine den nach der unzweideutigen Handlung so völlig berechtigten Verdacht, den der Sohn hegt, der Vater trete als Rivale auf und wolle ihm die Frau streitig machen. Der Sohn antwortet mit einem zweiten Versuch der Vatertötung; woraus eine Versteinerung wird, wie wir wissen, und zwar in dem Augenblick, als der Wissende den Sohn über die unheilvollen Mächte der Mutter-Imago in Kenntnis setzt. Dieses kann doch wohl nichts anderes heißen, als daß der Sohn als Träumer die Überzeugung besitzt, daß diese Frau, die er heiraten will, weiterhin dem Vater gehört, dem *Vater,* der für sie durch die Prüfungen gegangen ist und die Frau vom Drachen befreit hat. Damit ist angezeigt, daß auch der Sohn unbewußt davon überzeugt ist, daß er weiterhin inzestuöse Wünsche verfolgt, die ungelöst bleiben. Diese Inzestproblematik in Beziehung zu einem primären und verschlingenden Objekt kann erst durch das Kinderopfer eine Lösung erfahren.

Die Bedeutung des treuen Johannes, sprich des Analytikers, für die innerpsychische Entwicklung unseres Patienten könnte somit als eine doppelte beschrieben werden. Er ist die Instanz, das innere Objekt, das tödliche Gefahren und narzißtische Versuchungen frühzeitig erkennt und mit Besorgnis reagiert, um kommendes Unheil abzuwehren. Zum anderen ist er aber auch die Instanz des Über-Ichs, die die Kastration einführt, die Kastration an den narzißtischen Wunschregungen, der der Wahrheit das Wort redet, die inzestuösen Strebungen des Sohnes aufdeckt. Der Analysand reagiert mit Vernichtung, hat aber die Fähigkeit, als ihm die Augen über die bedrohliche Seite der archaischen Mutterbilder geöffnet werden, Einsicht zu zeigen, das heißt, sich mit seinem Analytiker zu identifizieren, was die Tötung in eine Versteinerung verwandelt, eine Versteinerung, die rückgängig gemacht werden kann, wie sich zeigen wird.

Der dritte und letzte Akt des Märchendramas beginnt mit der Aufstellung des steinernen Bildnisses des treuen Johannes in der Schlafkammer der Eheleute, und zwar neben dem Bett des jungen Königs. (Es soll hier unberücksichtigt bleiben, daß im Märchen genau genommen einzig von „seiner“ als von der Schlafkammer des jungen Königs die Rede ist.) Ist schon mit der Versteinerung gegenüber der Tötung ein Weg eingeschlagen, der eine konstruktive Lösung vorbereitet, die so typisch für das Märchen ist, so mag der bevorzugte Standort ein zweiter Schritt sein, um uns die ganze Bedeutung der Vaterfigur nahezubringen und damit auch die tiefe Verbundenheit und Übertragung.

Warum aber nur gehört dieses Bildnis an einen solchen Ort, was hat es dort zu schaffen?

Die Instanz des Wissenden, in meinem Verständnis dem deutenden Analytiker vergleichbar, hat dem jungen Paar die Augen geöffnet, und die narzißtischen Verlockungen, die von den archaischen Mutterbildern ausgehen, entlarvt als das, was sie sind, nämlich tödliche Gefahren. Eine solche Deutung jedoch hat in hohem Maße narzißtische Wut mobilisiert und den Wissenden in Stein verwandelt.

Dennoch hat sich mit dieser Deutung, die auf gut vorbereiteten Boden fiel, eine bedeutende Wandlung vollzogen.

„Der Schatten des Objekts fiel so auf das Ich, welches nun von einer besonderen Instanz wie ein Objekt, wie das verlassene Objekt, beurteilt werden konnte"

schreibt Freud (1916, 435) in *„Trauer und Melancholie."* Der Königssohn und seine Frau werden geschildert als von großem Leid, Unglück und Trauer befallen. Ihr einziges Ziel besteht darin, den treuen Johannes wieder zum Leben zu erwecken.

Also hat das Erlebnis des Objektverlustes Einsichten in die Auswirkungen narzißtischer und aggressiver Wunschregungen geschaffen und Wiedergutmachungstendenzen mobilisiert. Darüberhinaus geschah etwas Wichtiges insofern, als die Begegnung mit dem anderen, dem Dritten, möglich war. Mit dieser Entdeckung der Anerkennung des eigenständigen Dritten geschieht eine bewußte Anerkennung der ersten Triangulierung, die Lust-Ich und Realitäts-Ich voneinander scheidet. Mit ihr aber stellt sich auch die Angst vor Verlust des geliebten Objektes ein, das heißt depressive Ängste, was anzeigt, daß der Schritt von der paranoid-schizoiden in die depressive Position erworben ist.

Mit diesen Ausführungen bleibt jedoch die Frage unbeantwortet, warum das steinerne Bild in die Schlafkammer gehört. Das Schlafzimmer ist bei weitem der intimste Ort in einer Wohnung wie auch in einem Schloß. Die Kinder betreten es nicht ohne Scheu, die sich zu beträchtlicher Angst steigern kann. Das Schlafzimmer ist der Ort der vereinigten Eltern und der Urszene, von der die Kinder ausgeschlossen und an deren Geschehen sie in so mannigfaltiger Weise beteiligt sind. Es stellt in besonderem Maße die wichtige Frage nach dem Woher der Kinder.

Erinnern wir uns, es war ebenfalls in der Brautkammer, wo die Entwicklung abriß, die Prüfungen unterbrochen wurden und die Verurteilung des treuen Johannes erfolgte. So scheint es folgerichtig, daß sie hier wieder aufgenommen wird. Obendrein wird damit hervorgehoben, daß der treue Johannes hier eine Aufgabe, eine Funktion besitzt, die er auch in versteinerter Form wahrnehmen muß. Damit wird uns ohne Umschweife nahegelegt, daß seine Anwesenheit beim geschlechtlichen Verkehr der Eheleute notwendig ist und durch seine Anwesenheit weiterhin der Mutter-Drache gebannt wird. Dies heißt, wie wir gesehen hatten, nichts anderes, als daß er ein Element darstellt, das sich den nazißtisch-inzestuösen Gefahren und Versuchungen, was bedeutet, den Verschmelzungs- und Auflösungswünschen der eigenen Existenz, entgegenstellt.

Das steinerne Bildnis wird damit einmal zu einem Zeugnis der Gegenwärtigkeit der zerstörerischen archaischen Mutterbilder, zum andern zu einem Zeugnis dafür, daß ein Sich-von-ihnen-Lösen möglich ist und stellt letztlich ein Mahnmal mangelnder Aktivität dar, diesen narzißtischen Kräften entgegenzutreten.

Wir werden auf diese Weise konfrontiert mit einem psychischen Gleichgewicht, das nur durch die Depression und das steinerne Abbild stabilisiert werden kann. Und wir erfahren, daß nur ein großartiges Opfer die Situation verbessern kann. Es muß das Liebste hingegeben werden, es müssen die Kinder „geschlachtet“ werden, wie es in einigen Versionen heißt.

Das Liebste sind in der Regel in diesen Märchen zwei Kinder, fast immer Zwillinge, meistens Jungen. Ganz allgemein ist das Kind, das ein Symbol für Unbefangenheit und Unschuld darstellt, für den Erwachsenen die Fülle aller Möglichkeiten.

> „Wenn man die Einstellung zärtlicher Eltern gegen ihre Kinder ins Auge faßt, muß man sie als Wiederaufleben und Reproduktion des eigenen, längst aufgegebenen Narzißmus erkennen“ (Freud, 1914, 157).

Diese Überlegungen lassen den Schluß zu, daß es sich bei dem Opfer gleichermaßen um ein narzißtisches und ein inzestuöses Objekt handelt.

Welche Art Sprache aber spricht dieses erneute Rätsel, was bedeutet dieses grausame Kinderopfer, das, wie ich eingangs schon sagte, die Erlösung aus tiefer Schwermut möglich macht?

Es ist oft wiederholt worden und phänomenologisch gar nicht zu übersehen, daß jeder positive Wandlungsprozeß und jede reifere Entwicklung im Märchen mit einer oft unerträglichen Grausamkeit, mit Leid, Schmerzen, Qual, Verfolgung und Unheil einhergeht. Nur warum diese Grausamkeit? Hier wird allgemein argumentiert, damit das Ich das Es unter seine Herrschaft bekomme; was eine verkürzte, aber letztlich nicht unzutreffende Auffassung ist, die aber leicht mißverstanden werden kann.

Das Märchen gibt Antworten in Bildern, und es sind die Bilder als symbolische Äußerungen, die jeder Mitteilung im Märchen ihre spezifische Aussage verleihen. Folgen wir, um hinter dieses Rätsel zu kommen, auch hier Freud und seiner Gleichung, daß Kopfabschneiden = Kastrieren (1922, 46f.) ist, so wird dieses Kinderopfer analog zu der Blendung des Ödipus verständlich. Die Kastration ist daher gleichbedeutend mit dem Verzicht, die Welt durch narzißtische Verlockungen und Sehnsüchte zu erleben, abzulassen von den inzestuösen Objekten der Kindheit, das Schicksal als Person zu akzeptieren, ohne weiterhin Opfer von imaginären Faszinationen zu sein, Traum, Phantasie und Wirklichkeit zu unterscheiden usw. An einen Satz von Freud (1937, 99) mich anlehnend, läßt sich, wenn ich in der Sprache des Märchens und damit des Unbewußten rede, abschließend sagen: Man hat oft den Eindruck, mit der Kastrationsangst (mit dem Peniswunsch und dem männlichen Protest), was soviel bedeutet wie mit der tiefen Einsicht, daß erst ein kastrierter Mann ein Mensch ist, sei man durch alle psychologische Schichtungen hindurch zum gewachsenen Fels durchgedrungen und am Ende seiner Arbeit.

Das Märchen, wie es seiner Natur entspricht, vollzieht zwar den Kindermord, aber verweist ihn sogleich danach in den Bereich symbolischer Handlungen, die unbeschadet rückgängig gemacht werden. (In manchen Fassungen tragen die Kinder ab dieser Zeit eine Narbe davon, die als Zeugnis einzig an das Ereignis erinnert).

Wie sollte man da nicht an Abraham denken, dem Gott auftrug, seinen einzigen geliebten Sohn Isaak zu opfern – nachdem der Vater gerade bei ihm die Beschneidung vorgenommen hatte, und zwar auch als eine letzte und symbolische Prüfung –, um sich dem Gesetz des Vaters und der Wirklichkeit des Todes verpflichtet zu fühlen.

Literatur

Freud, S. (1913): Das Unbewußte. – Gesammelte Werke, Band X. Frankfurt/M.: S. Fischer 1946.

Freud, S. (1914): Zur Einführung des Narzißmus. – Gesammelte Werke, Band X. Frankfurt/M.: S. Fischer 1946.

Freud, S. (1916): Trauer und Melancholie. – Gesammelte Werke, Band X. Frankfurt/M.: S. Fischer 1946.

Freud, S. (1922): Das Medusenhaupt. – Gesammelte Werke, Band XVII. Frankfurt/M.: S. Fischer 1941.

Freud, S. (1937): Die endliche und die unendliche Analyse. – Gesammelte Werke, Band XVI. Frankfurt/M.: S. Fischer 1950.

Kerenyi, K. (1945): Die Geburt der Helena. – Zürich: Rascher.

Neumann, E. (1949): Ursprungsgeschichte des Bewußtseins. – Freiburg/Br.: Olten und Walter 1971.

Pasche, F. (1983): L'imago zéro. – In: Rev. Franç. de Psychanalyse 4, 939–952.

Ranke-Graves, R. (1955): Griechische Mythologie. Quellen und Deutung 1. – Hamburg: Rowohlt 1960.

Scherf, W. (1982): Lexikon der Zaubermärchen. – Stuttgart: Kröner.

Winnicott, D. W. (1955): Die depressive Position in der normalen emotionalen Entwicklung. – In: Von der Kinderheilkunde zur Psychoanalyse. München: Kindler 1976.

Hänsel und Gretel, mein Lieblingsmärchen

Bruno Bettelheim (Portola Valley, Californien)

Ich möchte meine Bemerkungen zu meinem Lieblingsmärchen mit einem Freud-Zitat einleiten, was immer eine gute Idee ist. Freud (1913, 2) beginnt seinen Aufsatz über „Märchenstoffe in Träumen" mit folgenden Worten:

> „Es ist keine Überraschung, auch aus der Psychoanalyse zu erfahren, welche Bedeutung unsere Volksmärchen für das Seelenleben unserer Kinder gewonnen haben. Bei einigen Menschen hat sich die Erinnerung an ihr Lieblingsmärchen an die Stelle eigener Kindheitserinnerungen gesetzt; sie haben die Märchen zu Deckerinnerungen erhoben."

Es müssen keine Deckerinnerungen bleiben. Man kann dahinter sehr wichtige Dinge finden. Freud fährt fort: „Von diesem sehr gewöhnlichen Vorkommnis will ich hier zwei Beispiele anführen" und bringt als erstes den Traum einer jungen Frau, in der das Märchen vom „Rumpelstilzchen" eine große Rolle spielt. Der andere Traum ist schon in anderen Beiträgen erwähnt worden; es ist der Traum eines Mannes, in dem sich Motive von „Rotkäppchen" und vom „Wolf und den sieben Geißlein" miteinander verbinden. Diesen Traum hat Freud einige Jahre später in seiner Arbeit „Aus der Geschichte einer infantilen Neurose" viel gründlicher bearbeitet. Wegen der Bedeutung dieses Traumes ist der Patient seither unter dem Namen des „Wolfmannes" berühmt geworden.

Seit diesen verheißungsvollen Anfängen ist das Thema ‚Märchen' nie mehr aus dem Gesichtskreis der Psychoanalyse verschwunden, und wir haben immer mehr gelernt, welch wichtige Rolle Märchen im Seelenleben nicht nur der Kinder, sondern auch der Erwachsenen spielen. So leitet Ottokar Graf Wittgenstein (1965) seine Arbeit „Märchen – Träume – Schicksale" mit folgenden Worten ein:

„Märchen sind blanke Spiegel. Sich selbst darin zu entdecken und den andern besser verstehen zu lernen, dafür sind sie sehr nützlich."

Hans Dieckmann (1978) zeigt in seinem Buch „Gelebte Märchen", in welchem Maße einige seiner Patienten ihr Lieblingsmärchen oft mit tragischen Konsequenzen ausleben. Und ich selbst war so verwegen, im Titel eines meiner Bücher einfach zu behaupten, daß Kinder Märchen brauchen.

Ich will hier über zwei meiner Lieblingsmärchen sprechen, zunächst über eins, das mir aus beruflichen Gründen zum Lieblingsmärchen geworden ist, und dann über ein anderes, welches das Lieblingsmärchen meiner Kindheit war.

Zuerst also das Märchen, das mir als dem Psychoanalytiker am liebsten ist, während ich beim zweiten, einem Märchen der Brüder Grimm zu illustrieren versuchen will, was tiefenpsychologisch in einem Märchen gesehen werden kann. Doch als Psychoanalytiker schätze ich vor allem das berühmteste Beispiel einer außerordentlich erfolgreichen Therapie, einer Märchentherapie, die auf der Couch vorgenommen wurde. Eigentlich beginnt die Geschichte der Psychotherapie und der Märchentherapie mit diesem einen Märchen. Ich glaube und ich hoffe, daß Sie alle wissen, worauf ich anspiele, nämlich auf die vielleicht neben Freud berühmteste Psychotherapeutin der Welt, und den Namen der Therapeutin kennen wir alle: Schehrezad. In der Rahmenerzählung, welche die Märchen aus 1001 Nacht einleitet und am Ende abschließt, erfahren wir etwas über die Krankengeschichte von Schehrezads königlichem Patienten namens Schehrijar. Wichtig ist hier vor allem, daß die ganze Geschichte mit dem unglücklichen Schicksal seines Bruders Schahzaman beginnt, der Schehrezads künftigem Patienten einen Staatsbesuch machen wollte. Sie waren nämlich zwei Brüder, die über benachbarte Reiche herrschten.

Als nun Schahzaman bereits auf dem Weg zu seinem Bruder Schehrijar war, fiel ihm ein, daß er sein Geschenk für ihn vergessen hatte. So kehrte er eilig nach Hause zurück und entdeckte, daß seine Lieblingsfrau ihn mit einem seiner Negersklaven betrog. Er rächte sich an beiden, indem er sie umbrachte. Aber es half ihm nichts, denn er verfiel in eine tiefe Depression, und in dieser tiefen Depression kam er zu seinem Bruder, dem König Schehrijar. Dieser versuchte vergebens, ihn aufzuheitern, aber Schahzamans Depression war viel zu schwer. Übrigens ist die Beschreibung der Depression dieses Königs eine so klassische Beschreibung einer tiefen melancholischen suizidalen Depression, wie ich sie in keinem Werk der modernen Psychiatrie gefunden habe.

Da nun also Schehrijar seinem Bruder nicht aus seiner Depression helfen konnte, begab er sich eines Tages auf eine große Jagd. In seiner Abwesenheit beobachtete nun Schahzaman, daß sein Bruder genauso wie er von seiner Lieblingsfrau mit einem großen schönen Negersklaven betrogen wurde. Aufgrund dieser Beobachtung und der Einsicht, daß der Bruder genauso betroffen war wie er, eröffnete er endlich seinem Bruder, was ihn in seine Depression getrieben hatte. Genauso wie zuerst Schahzaman, schlägt nun auch König Schehrijar den beiden Betrügern den Kopf ab. Verzweifelt über ihr Schicksal, daß sie beide königliche Hahnrei waren, gingen die Brüder auf eine große Reise, und dabei machten sie eine Erfahrung, die tatsächlich das erste Märchen des Zyklus ist. Dieses Märchen ist so wichtig, daß es später in einer etwas veränderten Fassung noch einmal erzählt wird. Hier ist vor allem von Bedeutung, daß dieses Märchen die Könige veranlaßt, nicht abzudanken, wie sie die Absicht hatten, sondern in ihre Reiche als Könige zurückzukehren.

Nun war aber auch König Schehrijar in eine tiefe Depression gefallen, die in seinem Fall nicht selbstmörderisch, sondern mörderisch war. Er beschloß, sein Leben fortan so einzurichten, daß er nie wieder betrogen werden konnte. Von nun an sollte ihm jede Nacht eine neue Jungfrau zugeführt werden, der am nächsten Morgen der Kopf abgeschlagen würde. Nach etwa drei Jahren dieser Prozedur war im Land nur noch eine Jungfrau übrig, was eine Katastrophe bedeutete, denn diese einzige Jungfrau war die Tochter des ersten Ministers, des Großwesirs. Der Vater wollte sie natürlich nicht diesem schrecklichen Schicksal anheimfallen lassen. Nun aber war diese Tochter namens Schehrezad bekanntlich nicht nur wunderschön und höchst tugendreich, sondern auch sehr gelehrt und weise. Sie bestand darauf, entweder den König von seinem mörderischen Wahn zu heilen oder aber das Schicksal aller bisher getöteten Jungfrauen des Landes zu teilen. Der Vater versuchte mit Tränen in den Augen, sie davon abzuhalten, er erzählte ihr zu diesem Zweck ebenfalls ein Märchen, aber es nützte nichts. Schehrezad war entschlossen, den König von seinem Wahnsinn zu heilen oder dasselbe Schicksal wie all ihre Schwestern in allen Einzelheiten zu teilen – es war ein mohammedanisches Königreich.

Aber natürlich hatte die schöne, gescheite, tugendreiche Schehrezad einen Plan: Sie wollte den König psychoanalysieren – und dies viele Jahre vor Freud. Wie Sie alle wissen, benützte sie eine List, um ihre Therapie durchzuführen. Nachdem sie dem König ihre Jungfernschaft geopfert hatte, bat sie ihn um die Erlaubnis, ihrer kleinen Schwester Dinazad wie jeden Abend vor dem Einschlafen eine Geschichte erzählen zu dürfen.

Der König hatte laut einer höflichen deutschen Übersetzung „an ihr Gefallen gefunden" – das Original ist ein bißchen deutlicher! – und da sie am nächsten Morgen ohnehin umgebracht würde, so erfüllte er ihr diesen letzten Wunsch. Es wurde also nach der kleinen Schwester Dinazad gesandt. Schehrezad hatte sie vorher angewiesen, sie zu bitten, ihr wie üblich vor dem Einschlafen eine Geschichte zu erzählen. Dies tat Schehrezad nun im Beisein des Königs, unterbrach aber ihre Geschichte in der Mitte, da es spät geworden war und sie ebenso wie der König von dem ‚Aneinandergefallengefundenhaben' sehr müde war. So war es Zeit einzuschlafen, aber der König war von der Geschichte so gefesselt, daß er beschloß, Schehrezad noch einen Tag leben zu lassen, um das Ende der Geschichte zu erfahren. Wie Sie wissen, geht das nun tausend und eine Nächte so weiter, denn Schehrezad unterbricht ihre Märchentherapie jede Nacht so geschickt, daß der König in keiner dieser vielen Nächte um die Fortsetzung des jeweiligen Märchens betrogen werden will. – Das ist auch heutzutage die Methode des guten Analytikers, der die Stunde im spannendsten Moment abbricht und auf diese Weise sicher sein kann, daß der Patient am nächsten Tag wiederkommt. Wie könnte man sonst einen Patienten jahrelang in Behandlung halten?

Also läßt der König Schehrezad am Leben, um jeweils die Fortsetzung zu hören – es sind ja nicht genau tausendundein Märchen, sondern nicht ganz vierhundert, wenn ich mich recht erinnere, aber sie sind in tausendundeine Fortsetzungen aufgeteilt, und kein Märchen wird zu Ende erzählt, sondern bricht immer in der Mitte ab. In der nächsten Nacht wird es fortgesetzt und wieder wird ein neues Märchen begonnen, damit Schehrezad weiterleben kann.

Schehrezads Idee, den König von seinem Wahnsinn durch das Erzählen von Märchen zu heilen, war damals und ist noch heute in Indien, wo die ganze Geschichte spielt, keineswegs so abwegig, wie es uns erscheinen mag. Sicherlich war es zu der Zeit, als diese Märchen zum ersten Mal gesammelt und niedergeschrieben wurden, um etwa 700 unserer Zeitrechnung, eine vollkommen annehmbare Idee. Auch heutzutage gehen in Indien die einfachen Dorfbewohner bei schwerwiegenden Lebensproblemen in einen Tempel des Dorfes und suchen sich einen Priester, einen weisen Mann aus, um seine Hilfe zu erlangen. Der Vorgang ist der, daß sie ihm ihre Geschichte erzählen und ihren Kummer darstellen, ihm also die Anamnese ihrer Krankheit geben. Der Priester hört nur zu; wie jeder andere gut geschulte Psychoanalytiker sagt er fast gar nichts. Dies könnte man vielen Analytikern unserer Tage sehr anraten! Der Priester stellt nur wenige Fragen, um besser zu verstehen, was ihm da gesagt wurde. Dann zieht er sich, wie jeder gute Analytiker, zurück, um sich zu überlegen oder wie es in Indien genannt wird, darüber zu meditieren, was das eben Gehörte bedeutet. Der Patient wartet inzwischen im Tempelbezirk und zwar darf er den Tempelbezirk nicht verlassen, bis der Priester durch seine Meditation zur Klarheit gelangt ist, was aber nicht länger als einen Tag und eine Nacht dauern soll. Dann kommen die beiden wieder zusammen, und der Priester erzählt dem Patienten ein Märchen, ein einziges, das er durch seine Meditation unter den tausenden von Märchen, die er kennt, als das einzig richtige erkannt hat. Der Patient, der gespannt zugehört hat, beginnt nun seinerseits über das Märchen zu meditieren. Diese Meditation kann so lange dauern, wie der Patient will, aber sie muß wenigstens einen Tag und eine Nacht dauern. Sie kann aber auch mehrere Nächte und Tage dauern, nämlich solange bis der Patient erkennt, daß dieses Märchen von ihm selbst handelt. Und um nochmals Graf Wittgenstein zu zitieren, bis „er sich selbst in diesem Märchen entdeckt und die anderen besser verstehen lernt". Dies trifft in gleicher Weise auch auf „1001 Nacht" zu. Es wird auch berichtet, daß ein solcher indischer Patient durch seine Meditation über das Märchen, das der Priester ihm erzählt hat, nicht nur versteht, was die Ursache seines Unglücks ist, sondern auch begreift, wie er sein Leben in der Zukunft einrichten muß, um sich von seiner Neurose oder Psychose zu befreien.

Ich habe diese Berichte mit mehreren indischen Psychiatern, darunter zwei amerikanisch geschulte Psychoanalytiker, überprüft, und sie haben mir bestätigt, daß man heutzutage in den Großstädten psychiatrische Behandlungen genauso vornimmt wie bei uns, daß aber auf dem Land die hier beschriebene Methode mit einfachen Leuten auch heute noch in derselben Weise und genauso wirksam betrieben wird wie damals zur Zeit Schehrezads. Psychotherapie durch Märchenerzählen ist also in Indien seit Urzeiten bekannt und auch heute noch wirkungsvoll.

Um aber auf „1001 Nacht" und die erste Therapie einer Geistesstörung durch Märchenerzählen zurückzukommen, möchte ich erwähnen, daß das Motiv der Rettung vom Tode durch Märchenerzählen nicht nur die Rahmenerzählung von „1001 Nacht" einleitet, sondern daß es auch das Motiv der ersten Geschichte ist, die Schehrezad dem König erzählt, die erste der Geschichten, die ihr das Leben retten – und dem König ebenfalls das Leben retten, da er durch sie geheilt wird. In der Rahmenerzählung – sie ist sehr interessant zu lesen und so können Sie kontrollieren, ob das, was ich Ihnen hier erzähle, richtig ist! – steht die Geschichte von dem Stier und dem Esel. Sie berichtet, daß ein Mann, der die Sprache der Tierwelt versteht, etwas Wichtiges erfahren kann und auf diese Weise dem Tod zu entrinnen vermag.

Das erste Märchen, das Schehrezad dem König erzählt, ist jenes von einem Kaufmann und einem Dämon. Dieser will den Kaufmann töten, läßt sich aber überreden, ihm das Leben zu schenken, wenn ihm eine Geschichte erzählt wird, die er wirklich wunderbar findet. Und so geschieht es auch. Schehrezad beginnt ihre Heilung des Königs mit einer Geschichte, die zeigt, daß die richtige Geschichte zur rechten Zeit und am rechten Ort wirklich lebensrettend sein kann. Dies gilt ja auch für manche Märchen, die Kindern erzählt wurden und die für diese Kinder – man könnte fast sagen: – lebensrettend waren. Die Erzählung gibt dem König zu verstehen, daß sein Leben, welches ja kein Leben mehr ist, ihm durch richtig verstandene Geschichten zurückgegeben werden kann. In gleicher Weise, wie ein gut erzähltes Märchen Schehrezads Leben rettet.

Ich will nun das Detail der Rahmenerzählung, nämlich wie die beiden königlichen Brüder veranlaßt wurden, zum Leben und in ihre Reiche zurückzukehren, mit einer etwas anderen Fassung derselben Geschichte zusammen besprechen. Diese zweite Fassung erzählt Schehrezad in ihrer 602. Nacht, also etwa im 20. Monat ihrer Behandlung des Königs, der durch die vorangegangenen Märchen vermutlich bereits viel über sich selbst gelernt hat.

Beide Geschichten berichten von dem ungeheuren Dämon, der auf seinem Rücken einen schweren Koffer trägt, den sieben Schlösser verriegeln. Der Dämon öffnet den Koffer, und nimmt einen anderen Koffer heraus, der ebenfalls mit sieben Schlössern versperrt ist. Auch den öffnet er und nimmt noch einen Koffer heraus – diese Erzählungen müssen sich ja ausdehnen, sonst geht es ja nicht über tausendundeine Nacht! Also insgesamt sind es sieben Koffer, jeder mit sieben Schlössern. Aus dem letzten Koffer nimmt der Dämon eine wunderschöne Frau heraus. In der Rahmenerzählung wird diese Szene von den beiden königlichen Brüdern beobachtet, in der Erzählung der 602. Nacht von einem Prinzen, und in beiden Fassungen zwingt diese wunderschöne Frau die Männer zum Beischlaf, sobald der Dämon eingeschlafen ist. Um der tödlichen Rache des Dämon zu entgehen, flüchten die Männer rechtzeitig, und so ist der Dämon beim Erwachen nicht weiser als zuvor.

Nun stellt sich die Frage: Was kann der König aus diesem Märchen wie in einem Spiegel über sich selbst entdecken, und wie kann er andere besser verstehen lernen? Was versucht Schehrezad den König im Prozeß seiner Heilung wissen zu lassen? Wie in einer guten Psychoanalyse kann nur er selbst dies alles entdecken, und dies kann nur schichtenweise vor sich gehen. Die erste dieser Schichten ist, daß das, was dem König zugestoßen ist, nicht wie er glaubte, sein höchstpersönliches Schicksal war, sondern ein weit verbreitetes. Ja, es konnte sogar einem allmächtigen und allwissenden Dämon passieren, und daher sollte sich ein gewöhnlicher Mensch, selbst wenn er ein König ist, nicht allzusehr beklagen, wenn ihm dasselbe zustößt wie einem Dämon. Auf einer anderen und viel wichtigeren Ebene sagen beide Märchen, daß der Dämon auch weiterhin mit seiner Frau sehr glücklich war, da er nicht erfuhr, daß sie ihn betrog. Also läßt sich folgern: wenn die beiden

Könige nicht weggegangen wären, um dann ihre Lieblingsfrauen in flagranti zu überraschen, dann könnten sie noch heute mit ihnen glücklich sein, so wie viele andere Männer es auch sind, und wie es auch der Dämon war. Aber was ich besonders wichtig für die Heilung des Königs ansehe und was es wohl tatsächlich gewesen sein muß, war die Erkenntnis des Königs, nicht nur seiner selbst, sondern auch das Verstehen des anderen. Denn beide Fassungen machen deutlich, daß der Grund, aus welchem die Frau die Männer verführte und den Dämon mit ihnen betrog, einzig der war, daß er sie gefangenhielt und mit allen Kräften verhindern wollte, daß sie irgendetwas mit einem anderen Mann zu tun haben könnte. Hätten die königlichen Brüder nicht gleiches getan, hätten sie ihre Lieblingsfrauen nicht eingesperrt, dann wären sie vielleicht, ja sogar wahrscheinlich, nie betrogen worden.

Diese Erkenntnisse beinhalten, was jeder Patient in seiner Psychoanalyse früher oder später lernen muß, nämlich, daß er – um es auf die wohl kürzeste Weise zu sagen – gewissermaßen der Schmied seines eigenen Schicksals ist. Denn wenn er es nicht ist, so wie er zu Beginn seiner Behandlung glaubt, nämlich daß sein Unglück einfach sein Schicksal ist, dann kann ihm niemand helfen, nicht einmal der beste Psychoanalytiker. Nur wenn wir anfangen einzusehen, daß wir bis zu einem gewissen Maße uns selbst unser Schicksal bereiten, dann können wir wenigstens das verändern, was wir selbst zum Verlauf unseres Lebens beitragen. Nur diese Einsicht kann uns Hoffnung geben, uns selbst und damit unser Leben zu verbessern. Sie gibt uns auch den Glauben an den Erfolg unserer Therapie, und dieser Glaube ist es dann, welcher sie erfolgreich machen kann.

Auf wieder einer anderen Ebene kann der König von diesem Märchen auch etwas sehr Wichtiges über sich selbst gelernt haben, nämlich, daß er sich in sich selbst täuschte, wenn er glaubte, daß er seine Lieblingsfrau wirklich tief liebte und schätzte. Denn wenn er das getan hätte, wäre er von ihrer Tugend und Treue so sehr überzeugt gewesen, daß ihm nicht eingefallen wäre, ihr nachzuspionieren. Und hätte er nicht spioniert, hätte er nie herausgefunden, daß sie ihn betrog, sondern wäre mit ihr so glücklich geblieben wie der Dämon mit seiner geliebten Frau, dessen Glück nicht im geringsten davon beeinträchtigt wurde, daß sie ihn betrog, da er es ja nie erfuhr. So war es nicht der Betrug der

Frau, wie der König glaubte, sondern sein eigener tiefer Zweifel an ihrer Treue, was des Königs Unglück herbeigeführt hatte. Und dieser Zweifel war letzten Endes der Zweifel an sich selbst, die Frage, ob er selbst wirklich tief geliebt werden könnte. Wenn nun dieser, sein eigener innerer Zweifel behoben werden könnte, würde er endlich geheilt sein. So geschieht es dann am Ende der Rahmenerzählung, wo Schehrijar von der Liebe Schehrezads endlich vollkommen überzeugt ist. Nun, es bedurfte fast vierhundert solcher Märchen, um den König auf diese Art zu heilen und dazu waren tausendundeine Sitzungen auf der Couch nötig. Denn Sie müssen sich daran erinnern, daß die Couch nicht von Freud, sondern von Schehrezad erfunden wurde! Am Schluß der Märchensammlung, in der tausendundersten Nacht wird die Rahmenerzählung wieder aufgenommen, und wir erfahren nicht nur, daß die beiden inzwischen ein paar Kinder gezeugt haben – schließlich sind etwa drei Jahre vergangen – sondern sich auch tief ineinander verliebt hatten. Diese Liebe gestehen sie endlich einander ein, heiraten und leben von da an in Glückseligkeit.

Dies alles besagt, daß jede gelungene Psychoanalyse im tiefsten Sinne eine Heilung durch Liebe ist, wie Freud in einem seiner Briefe an Jung selbst gesagt hat. Was in „1001 Nacht" und diesem Märchenzyklus dargestellt wird, ist eine psychische Heilung durch Einsicht in das eigene psychische Verhalten, eine Heilung durch das Gewinnen eines richtigen Verständnisses der Motive der anderen und der eigenen. Vor allem ist es jedoch eine Heilung durch eine positive Beziehung zu einem anderen Menschen.

Um dieses Ergebnis zu erreichen, bedurfte es also tausendundeiner therapeutischen Begegnungen auf der Couch, also etwa drei Jahre Therapie, da dies ja jede Nacht stattfand. Das scheint eine kurze Zeitspanne für die Heilung eines mörderischen Wahnsinns, aber wir müssen berücksichtigen, daß diese Therapie nicht für einen einzigen Tag, das heißt keine einzige Nacht unterbrochen wurde. Freud hat öfters davon gesprochen, wie sehr die Sonntagsunterbrechung die Therapie zurückwirft, von anderen Unterbrechungen wie Urlaub ganz zu schweigen. Wenn man dies in Rechnung stellt, kann man diese Therapie wohl mit einer fünf- oder sechsjährigen, wie wir sie kennen, vergleichen. Sechs Jahre auf der Couch können wohl genügen, um einen solchen Wahnsinn zu heilen, besonders wenn man eine so geschulte Therapeutin hat wie Schehrezad. Nun können Sie bestimmt verstehen, warum ich als Psychoanalytiker dieses Märchen so sehr liebe.

Anders verhält es sich mit meinem persönlichen Lieblingsmärchen, auf das ich nun eingehen möchte. Dieses Märchen findet sich bei den Brüdern Grimm, die mit ihrer Märchensammlung viel zum Selbstverständnis der Menschen beigetragen haben. Mein persönliches Lieblingsmärchen ist „Hänsel und Gretel". Ich weiß nicht genau, warum es das ist, aber daß es so ist, darüber bin ich gar nicht im Zweifel.

Soweit ich mich erinnern kann, begann alles, als ich etwa vier Jahre alt war, aber wahrscheinlich fing alles viel früher an. Der fast gleichaltrige Lieblingsbruder meines Vaters hatte zwei Töchter, von denen eine so alt wie ich, die andere vier Jahre älter war, so alt wie meine Schwester. Die beiden Familien, die also jede zwei Kinder hatten, die gleichaltrig mit den Kindern der anderen Familie waren, verbrachten die Sonn- und Feiertage und in manchen Jahren auch die Ferien miteinander, was damals zwei Monate auf dem Lande bedeutete. Meine Cousine und ich waren viel enger miteinander verbunden als Brüder und Schwestern meistens sind, erstens weil wir im gleichen Alter waren und zweitens, weil unsere Beziehung nicht durch Eifersucht bezüglich unserer Eltern gestört wurde. Der dritte Grund war, daß wir beide unter der Überlegenheit einer vier Jahre älteren Schwester litten, die auf uns wie auf die kleinen dummen Kinder herabsah, die nichts rechtmachen konnten und nichts wußten. Wir waren miteinander restlos glücklich und fühlten uns vollkommen gleichwertig, genauso wie Hänsel und Gretel. Genau wie diese beiden Märchenfiguren beschützte einmal der eine den anderen, war das andere Mal die eine oder der andere die führende Persönlichkeit.

Als wir vier Jahre alt waren – und das hat sich dann wiederholt, als wir fünf und sechs und sieben Jahre alt waren – verbrachten die Familien jedes Jahr zwei Sommermonate in Velden am Wörthersee. Meine Cousine wohnte mit ihrer Familie im Schloßhotel, und meine Familie wohnte in einer Villa in nächster Nähe. Wir zwei Kinder verbrachten die ganzen Tage miteinander, glücklicherweise oft ohne die Aufsicht unserer Eltern und Schwestern, entweder im See oder beim See, sowie in dem damals sehr großen und halb verwilderten Garten des Schloßhotels. In diesem Garten entdeckten wir ziemlich abgelegen vom Hotel im Gestrüpp eine halbverfallene Hütte. Ich weiß nicht mehr genau weshalb, aber wir waren vollkommen davon überzeugt, daß diese Hütte ein Hexenhaus war. Wir bezeichneten sie auch immer nur als das ‚Hexenhaus'. Manchmal sahen wir nahe bei der Hütte eine sehr alte, gebückte, krumme Frau, die sich auf eine Krücke stützte, und in diesen Momenten waren wir unumstößlich sicher, daß dies die Hexe war, genauso wie in ‚Hänsel und Gretel'. Um dieses Hexenhaus herumzustreichen, war eine Demonstration unserer Unabhängigkeit von unseren Eltern und Geschwistern. Es war unheimlich und schrecklich aufregend. Daß wir uns zusammen auf ein solches Abenteuer einließen, wie zum Hexenhaus zu gehen, was wir jeden Tag taten, verstärkte unsere Beziehung zueinander wie auch die Angst, die wir beide zusammen erlebten. Da wir unser Geheimnis für uns behielten, wurden wir unzertrennlich. Wahrscheinlich verrieten wir nichts, weil wir wußten, daß unsere Eltern uns nur auslachen würden, falls wir ihnen von unserem Hexenhaus und der alten Hexe erzählten. Da die ‚Hexe' uns niemals in ihre Hütte einlud oder sonstwie Angst einjagte, wuchs unser Mut und unser Gefühl der Unabhängigkeit, an die wir in anderen Situationen nicht glauben konnten. Es war, als ob wir Margaret Mahler studiert hätten und uns auf ihre Theorien über Individuation und Separation beziehen würden – ein halbes Jahrhundert bevor sie diese Theorien formulierte. Grau, Freund, ist alle Theorie! Wir Kinder agierten ihre Theorien aus, als wir das Märchen von Hänsel und Gretel miteinander im Park des Schloßhotels in Velden in Szene setzten. Unsere Symbiose als quasi Bruder und Schwester, als quasi Hänsel und Gretel, erlaubte uns, die böse Mutter in die Hexe zu projizieren und so die gute, wirkliche Mutter zu erhalten. Das Spielen um das Hexenhaus herum erlaubte uns, uns immer wieder unsere Unabhängigkeit von unseren Eltern und den Schwestern zu bestätigen. Wir hatten ein Geheimnis, von dem sie nichts wußten, sie, die so viele Geheimnisse hatten, von denen wir ausgeschlossen waren.

Das ging so für vier Jahre weiter, obzwar wir in den beiden letzten Jahren, als wir sechs und sieben Jahre alt waren, nicht mehr so voll und ganz an die Hexe glaubten. Wir wollten jedoch absolut nicht die Idee aufgeben, daß dies die Hexe in ihrem Hexenhaus war. Das Ganze war viel zu vergnüglich. Wir gaben vor, daß wir noch daran glaubten, denn wir wollten unser Lieblingsspiel, in welchem wir einander aus größter Gefahr retteten und miteinander die größten Gefahren überstanden, nicht aufgeben. Was als Ausagieren eines Lieblingsmärchens begonnen hatte, wurde zu einer wirklichen Kinderliebe, die schließlich nicht ganz frei von Sexualerlebnissen und -erfahrungen blieb.

Als wir acht Jahre alt wurden, beschlossen die Eltern, ihre Ferien nicht mehr miteinander zu verbringen. Damit hatte die Geschichte vom Hexenhaus ihre Intensität verloren, aber sie war uns nach wie vor wichtig, und wir haben diese Geschichte miteinander erhalten. Wir sahen uns weiterhin jeden Sonn- und Feiertag und auch oft während der Woche. Während einigen Jahren trafen wir uns in einem sehr großen Garten Wiens, einem der größten, nämlich im Volksgarten, in einem Gestrüpp. Darin fanden wir ein Versteck, das der Umgebung des Hexenhauses ähnlich war.

Zusammenfassend ist zu sagen, daß wir unser ganzes langes Leben nie das Hexenhaus vergaßen und die tiefen emotionalen Erlebnisse, die wir dort miteinander hatten. Stets blieb uns in Erinnerung, wie wir um die Geschichte von Hänsel und Gretel herum nicht nur Unabhängigkeit von unseren Eltern und Schwestern erkämpft, sondern auch unsere Liebe füreinander entdeckt und unsere ersten Sexualexperimente um dieses Märchen herum gemacht hatten. Kurz gesagt waren wir durch die Bemühungen um dieses Märchen, dank dieses Märchens, volle Menschen geworden. Andere Kinder und andere Erwachsene benützen ein und dasselbe Märchen vielleicht für ganz andere psychologische Bedürfnisse.

Ein Beispiel aus einer ganz anderen Zeit und einem ganz anderen Kontinent mag das illustrieren. Fast fünfzehn Jahre lang habe ich an der Universität von Chicago und dann später an der Stanford-Universität meinen Doktoranden folgende Aufgabe gestellt: Sie sollten sich an ihre Lieblingsgeschichte, wenn möglich ein Märchen, ansonsten irgendeine andere Geschichte, erinnern und sie aufschreiben, ohne sie nachzulesen oder darüber zu spekulieren, warum dies wohl ihre Lieblingsgeschichte war. Nachdem sie mir diese Arbeiten übergeben hatten, forderte ich sie auf, die Geschichten nachzulesen, zu beobachten, was sie daran entstellt oder was sie vergessen hatten und was diese Entstellungen, dieses Vergessen oder das Hinzufügen bedeuteten. Ich möchte darauf hinweisen, daß ich ein paar Tausend solcher Arbeiten gesammelt habe und daß kaum einer dieser sehr gescheiten Studenten in ihren Zwanzigern die Geschichte richtig erinnert hatte. Ich will noch hinzufügen, daß fast alle durch dieses Mutmaßen sehr viel über sich selbst gelernt haben, nämlich warum es ihre Lieblingsgeschichte war und warum sie sie dermaßen entstellt hatten.

Nun waren alle Studenten aber vollkommen überzeugt, daß sie sich an ihre Lieblingsgeschichte genauso erinnerten, wie sie eben gewesen war. Es gab dann ein großes Erstaunen darüber, daß sie sich an sie nur mit großen Veränderungen erinnerten. Und fast immer gab es da eine Entstellung in der Erinnerung, die es ihnen ermöglichte zu verstehen, warum gerade dieses Märchen damals auf sie einen so großen Eindruck gemacht hatte.

Ich will hier nur ein Beispiel erwähnen, das mit „Hänsel und Gretel" zu tun hat. Eine sehr gescheite und begabte Studentin Mitte zwanzig schrieb anstelle der Wiedergabe des Märchens, das in ihrer Kinheit wichtig gewesen war, einen wütenden Angriff auf „Hänsel und Gretel", weil es ein Grundbeispiel von maskulinem Chauvinismus, von Männlichkeitswahn sei, wie sie es nannte. Als Kind war sie von dem Märchen besessen gewesen, und auch jetzt kam es ihr noch oft in den Sinn und machte sie stets wütend. Was sie so sehr ärgerte war, daß in diesem so beliebten Märchen das Mädchen als völlig passiv und inkompetent beschrieben ist, ohne einen eigenen Gedanken oder eigenen Willen, sondern vollkommen von ihrem Bruder abhängig und vollkommen von ihm dominiert, der sie am Ende durch seinen mutigen Akt, die Hexe in den Ofen zu stoßen, vor dem elenden Tod, aufgefressen zu werden, bewahrt hat. Dabei macht Gretel nicht den geringsten Versuch, sich selbst zu retten. Sie fügte hinzu, daß das Märchen ihr so zuwider war, weil es ihre eigene Geschichte hätte sein können, da sie genauso wie Gretel sich vollkommen von ihrem älteren Bruder dominieren ließ. Selbst heute, ergänzte sie, wo sie in wenigen Monaten ihr Doktorat machen werde, bestimme noch immer ihr Bruder über sie bezüglich der Anstellung, die sie erstreben solle. Diese totale Abhängigkeit schob sie dem Eindruck zu, den das Märchen auf sie gemacht hatte, das sie vollkommen dem Abbild Gretels getreu zu einem Leben in kompletter Passivität geführt habe.

Sie können sich vorstellen, wie groß ihre Überraschung war, als sie beim Wiederlesen des Märchens entdeckte, daß ganz im Gegensatz zu ihrer Erinnerung Gretel es war, die die Hexe in den Ofen stieß und dadurch sich selbst und Hänsel, der ganz hilflos im Käfig saß, befreite. Zuerst war sie überzeugt, daß es zwei Fassungen des Märchens von „Hänsel und Gretel" geben müsse: eine, an die sie sich erinnerte und eine andere, die sie gerade gelesen hatte. Davon war sie dermaßen überzeugt, daß sie zwei Wochen lang in allen Bibliotheken nach diesem „ihrem" Märchen forschte. Endlich dämmerte es ihr, daß sie das Märchen umgestaltet hatte, um es ihrem eigenen Leben anzupassen und um eine Rechtfertigung für die sklavenhafte Beziehung zu ihrem Bruder zu finden. Dies war eine solche Offenbarung, daß sie nun mit größter Entschlossenheit forschte, wie das alles wohl zustande gekommen sein mochte. Unter anderem kam dann zutage, daß, als sie etwa vierzehn Jahre alt war, plötzlich ihre sehr fromme katholische Mutter starb. Ihr Bruder, der damals in Paris studierte, konnte nicht rechtzeitig zum Begräbnis kommen. Aber er schlug ihr telefonisch vor, daß die Mutter eingeäschert werden sollte. Das erschien ihr ganz falsch, da die Mutter sicher gewünscht hätte, begraben zu werden. Aber da seit frühester Kindheit eine Bemerkung ihres Bruders für sie die Kraft eines unumstößlichen Gesetzes hatte, sorgte sie dafür, daß die Mutter eingeäschert wurde. Aber sie fühlte sich so schuldig, daß sie nicht glauben konnte, daß das Verbrennen einer Mutterfigur das Werk eines Mädchens sein konnte. Es mußte das Werk eines Jungen sein. Dies war ein wichtiger Grund für ihre Überzeugung, daß es Hänsel gewesen sein mußte, der die Hexe verbrannte. So wie es oft mit Lieblingsmärchen der Fall ist, erwiesen „Hänsel und Gretel" der jungen Frau einen guten Dienst, aber nur in der von ihr entstellten Form. Diese rechtfertigte eine ganz passive Lebenshaltung, die, obgleich sie oft zu peinlichen Vorkommnissen führte, gegen alle Schuldgefühle absicherte. Die Entstellung des Märchens erlaubte ihr, im Leben die Rolle der Gretel – so wie sie sie sah – zu spielen und sich für nichts verantwortlich zu fühlen, da alles, was geschah, das Werk des Bruders war. Also war sie auch nicht verantwortlich für die Einäscherung der Mutter. Sie war das Opfer ihres Bruders und für nichts verantwortlich. Sie hatte ein schlechtes Verhältnis zu ihrer Mutter gehabt, die den Bruder immer vorzog. So konnte sie sich durch die Verschiebung der Rollen auch an der Mutter rächen, denn der Bruder hatte alle Verantwortung dafür zu tragen.

Ihre Geschichte fand, wie die meisten Märchen und wie „Hänsel und Gretel" ja auch, ein „happy end". Sie nahm ihr Schicksal in die eigenen Hände, sehr zur Erleichterung des Bruders, der die Verantwortung für sie, die sie ihm aufgehalst hatte, als eine schwere Belastung empfunden hatte. Einige Jahre später teilte sie mir mit, daß ihr Leben ein ganz anderes geworden war. Aber das Märchen von „Hänsel und Gretel" war ihr nicht unwichtiger geworden, im Gegenteil: Wann immer sie sich entmutigt fühlte, rief sie es sich in Erinnerung und sagte sich, daß sie, genau wie Gretel, selbst ihre Schwierigkeiten meistern konnte.

Aber genug über Schehrezad und Indien, genug über meine Kindheit und die Hexe im Garten des Schloßhotels in Velden und auch genug über meine amerikanische Studentin und zurück zu dem wirklichen Märchen von „Hänsel und Gretel", zurück zu den wichtigen psychologischen Botschaften, die in ihm verborgen sind – oder vielleicht richtiger gesagt: in ihm so geborgen sind, daß das Kind sie für sich selbst entdecken kann.

„Hänsel und Gretel" fängt, wie Sie wissen, recht realistisch an. Die Eltern sind schrecklich arm und zerbrechen sich die Köpfe, wie es weitergehen soll. Mitten in der Nacht besprechen sie ihre Lage und überlegen, wie sie mit ihr fertig werden können. Das Märchen vermittelt hier dem Kind eine peinliche Erkenntnis: Armut und Not machen die Menschen nicht besser, im Gegenteil, sie werden dadurch nur egoistischer, fühlen weniger Mitleid mit anderen. Gleichzeitig erfahren wir, wo sich das alles abspielt, nämlich am Rande eines großen undurchdringlichen Waldes. Genauso wie Dantes Meisterwerk damit beginnt, daß er seinen Weg in einem dichten Wald verloren hat, was den Beginn seiner Selbstentdeckung darstellt, so wird es auch mit den Kindern gehen. Nur werden sie nicht von einem großen Dichter wie Vergil zu dem Ziel der Selbstfindung geführt, sondern von weißen Vögeln und einer bösen Hexe. Aber beide Geschichten enden damit, daß am Ende eines langen und fürchterlichen Irrwegs sowohl Dante als auch Hänsel und Gretel ihr eigenes Paradies entdecken. Natürlich kennen nur wenige Kinder Dante, aber ich erwähne ihn, weil das dichterische Phantasieren des großen Künstlers wie das Phantasieren des Märchenerzählers und des gewöhnlichen Kindes auf dieselben Urerlebnisse zurückgehen.

Was Hänsel und Gretel in der Nacht zufällig hören oder in ihrer großen Angst zu hören glauben, stellt die größte Angst des Kindes überhaupt dar: verlassen zu werden und zu verhungern. Die Mutter repräsentiert für das Kind die Quelle aller Nahrung, sie allein kann die Nahrung geben oder verweigern. Von Beginn an glauben also die Kinder, daß sie letzteres tun wird, von Anfang an glauben sie, eine böse Mutter zu haben. Es ist die Angst und tiefe Enttäuschung des Kindes, die auftritt, wenn die Mutter nicht länger bereit ist, alle seine oralen Wünsche zu erfüllen, die das Kind zu der Annahme verleitet, seine Mutter sei lieblos geworden, selbstsüchtig, bereit, das Kind preiszugeben.

Da Hänsel und Gretel wissen, daß sie ihre Eltern unbedingt brauchen, um am Leben zu bleiben, versuchen sie, wieder nach Hause zurückzukehren, nachdem sie ausgesetzt worden sind. Tatsächlich gelingt es Hänsel beim ersten Mal, den Weg aus dem Wald nach Hause zurückzufinden.

Das Kind muß die Initiative entwickeln, die Reise zu sich selbst anzutreten, damit es durch das Zusammentreffen mit der weiteren Welt zu einer selbständigen Persönlichkeit werden kann. Andernfalls läuft es Gefahr, in die Passivität zurückzukehren, sich für immer und ewig in die Abhängigkeit zu begeben und sich von anderen versorgen zu lassen.

Das Märchen zeigt dem Kind, daß das auf die Dauer nicht möglich ist, sondern daß, um mit Margaret Mahler zu sprechen, die Phase der Individuation unausweichlich mit der der Separation verbunden ist. Ebenso ist unausbleiblich, daß das Kind die Mutter als böse, als das Kind ablehnend ansieht. Ohne die Mutter als böse zu sehen, kann sich das Kind nicht von ihr trennen, kann es kein Individuum werden. So wird die Mutter gesehen, als ob sie das Kind verlassen würde, weil in Wirklichkeit das Kind die Mutter verlassen will, aber noch nicht den Mut dazu hat. Genauso brauchten meine Cousine und ich das Hexenhaus, um von unseren Eltern unabhängig zu werden. Die Mutter wird als Ursache einer Entwicklung gesehen, die in Wirklichkeit im Kind selbst vorsichgeht. Die Drohung ist, daß die Mutter sich das Kind einverleiben wird, wenn es nicht seine Unabhängigkeit entwickelt. Daher tritt also die kinderfressende Hexe auf. Aber die Ablösung von der Mutter ist ein sehr langsamer Prozeß, der im Märchen durch die beiden Versuche Hänsels, den Weg zurück zu finden, symbolisch ausgedrückt wird. Das Märchen zeigt, daß es nicht gut geht, wenn man versucht, mit den Problemen des Lebens durch Regression und Verleugnung fertigzuwerden. Beim ersten Mal bedient sich Hänsel auf angemessene Weise seines Verstandes, indem er weiße Kieselsteine auf den Weg streut, so daß die Kinder dann auch wirklich den Weg nach Hause zurück finden. Beim nächsten Mal ist er nicht so erfolgreich. Seine Fixierung an die orale Phase, in der das Kind vollkommen von der Mutter abhängig ist, wurde stärker durch die Angst, die der Gedanke an die Ablösung von der Mutter hervorruft. So kann er nur mehr oral denken. Deshalb benützt er ein Nahrungsmittel, nämlich Brotkrumen, um den Weg zurückzufinden. Und dies, obwohl er als Kind, das am Rande des Waldes, also in der Natur, aufgewachsen ist, wissen müßte, daß die Brotkrumen von Tieren, Vögeln etwa oder anderen Tieren aufgefressen werden würden.

Das Märchen von „Hänsel und Gretel“ erfüllt die Ängste und Lernaufgaben des kleinen Kindes mit Substanz und zeigt ihm in symbolischer Form, daß es seine primitiven oralen und letztlich destruktiven Wünsche überwinden und sublimieren muß. Das Kind muß lernen, daß es, wenn es sich nicht selbst von diesen Fixierungen freimacht, von seinen Eltern und der Gesellschaft gegen seinen Willen dazu gezwungen werden wird, ebenso wie die Mutter aufhört, das Kind zu stillen, wenn sie das Gefühl hat, daß die Zeit dafür reif ist. Das Märchen von „Hänsel und Gretel“ verleiht in der Form, daß die Kinder dem Verhungern ausgesetzt werden, diesen unmittelbaren, mit der Mutter zusammenhängenden Erfahrungen des Kindes symbolisch Ausdruck. Daher bleibt der Vater im Verlauf der ganzen Geschichte eine schattenhafte, unwirksame Figur, wie es dem Kind zu Anfang seines Lebens überhaupt so vorkommen mag, wenn die Mutter in ihrem nährenden und wohltuenden, wie auch in ihren bedrohlichen und versagenden Aspekten das innere Leben des Kindes dominiert. Ihre Angst haben die Kinder zurück in die orale Phase projiziert, da die orale Angst die Ursache ihrer Aggression ist. Das Lebkuchenhaus repräsentiert ein Leben auf der Stufe primitivster Befriedigung, wie ja diese Phantasie wiedererweckt wird, wann immer dem Kind ein Lebkuchenhaus geschenkt wird. Ich will hier nur kurz erwähnen, daß meine Cousine und ich jedes Lebkuchenhaus, das wir bekamen, in glücklicher Erinnerung haben.

Hänsel und Gretel überlassen sich so sehr ihrer unbeherrschten Gier, daß sie bedenkenlos zerstören, was ihnen Schutz und Sicherheit gewähren sollte. Und dies, obwohl die Vögel, welche die Brotkrumen fressen, sie gewarnt haben sollten, die Dinge einfach aufzufressen! Indem die Kinder Dach und Fenster des Lebkuchenhauses aufessen, zeigen sie, wie unbedenklich sie Haus und Hof auffressen würden. Dies ist eine Angst, die sie auf die Eltern als Urheber ihres Verlassenwerdens projiziert haben. Trotz der warnenden Stimme, die fragt:

„knuper knuper kneischen
wer knupert an meinem Häuschen?“

machen die Kinder der Stimme und sich selbst etwas vor und sagen, es sei der Wind. Und wir hören, daß sie weiteraßen, ohne sich beirren zu lassen.

Das Lebkuchenhäuschen ist ein unvergleichliches Bild. Es ist unglaublich reizvoll und verlockend, aber auch ein Symbol der schrecklichen Gefahren, in die man sich begibt, wenn man der Verlockung unkritisch nachgibt, wenn man schon zu alt für sie geworden ist. Das Kind erkennt, daß es genau wie Hänsel und Gretel seinen oralen Gelüsten gern nachgeben möchte, ungeachtet der Gefahr, im Oralen stekkenzubleiben. Dieses Häuschen symbolisiert die orale Gier und zeigt, wie gerne man ihr nachgibt. Das Märchen ist gleichsam die Fibel, aus der das Kind die eigenen Gedanken wie im Bilderbuch lesen lernt, in der einzigen Sprache, die es versteht, ehe es zur intellektuellen Reife gelangt. Es muß diese symbolische Sprache des Märchens kennenlernen und darauf reagieren lernen, wenn es Herr seiner selbst werden soll. Der vorbewußte Inhalt des Märchens ist natürlich viel reicher als meine allzu kargen Darlegungen vermitteln können. Zum Beispiel ist im Unbewußten des Kindes das Haus auch ein Symbol des Körpers, und zwar seines eigenen wie auch des Körpers seiner Mutter. Ein Lebkuchenhaus, das man aufessen kann, ist ein Symbol der Mutter, denn von deren Körper bekommt das Kind seine erste Nahrung. So steht das Häuschen, das man aufessen kann, für die gute Mutter, die das Kind mit ihrem Körper ernährt. Es ist das Symbol der allesspendenden Mutter, und das Kind hofft, diese Mutter später irgendwo in der Welt wiederzufinden, wenn die wirkliche Mutter beginnt, das Kind nicht länger zu ernähren wie gewohnt, und auch sonst Anforderungen an es stellt oder ihm gegenüber eine kritische Haltung einnimmt. Das ist der Grund, weshalb Hänsel und Gretel sich weigern, die warnende Stimme zu hören, die fragt, was sie denn da gerade machen. Diese Stimme ist ihr nach außen projiziertes Gewissen. Sie sehen sich hier ganz in ihrer oralen Gier. Die Lust auf orale Befriedigung hat die Stelle der früheren oralen Angst eingenommen, und so meinten sie, wie es heißt, „sie wären im Himmel". Diese Regression zu dem frühesten, dem himmlischen Zustand, als man symbiotisch an der Mutterbrust mit ihr lebte, verneint jede Unabhängigkeit und jede Individuation. Sie stellt sogar die Existenz in Frage, wie die kannibalistischen, in der Gestalt der Hexe verkörperten, Neigungen zeigen. Die Hexe ist die Personifikation der destruktiven Aspekte der Oralität, die ebenso darauf abzielt, die Kinder aufzufressen, als diese darauf aus sind, das Lebkuchenhaus aufzuessen. Wenn das Kind seinen Eßimpulsen ungehemmt nachgibt, riskiert es, vernichtet zu werden. Die Kinder essen nur die symbolische Repräsentation der Mutter, das Lebkuchenhaus. Die Hexe will die Kinder selber fressen, und das wird für das Kind zu der wichtigen Lehre, daß es weniger gefährlich ist, sich mit Symbolen abzugeben, als sich mit realen Dingen zu befassen.

Daß die Hexe dran glauben muß und nicht die Kinder, ist auch auf anderen Ebenen gerechtfertigt. Kinder, die noch wenig Erfahrung mit Selbstbeherrschung besitzen und sie erst langsam lernen müssen, können nicht mit dem gleichen Maßstab gemessen werden wie ältere Leute, die ihre Begierden besser kontrollieren sollen. Daher ist die Bestrafung der Hexe ebenso gerechtfertigt wie die Rettung der Kinder. Die bösen Absichten der Hexe zwingen die Kinder, die Gefahren rücksichtsloser Gier und Abhängigkeit zu erkennen. Um zu überleben, müssen sie ihre eigene Initiative entwickeln und erkennen, daß ihre

Rettung nur im eigenen Planen und Handeln liegen kann. Anstatt dem Drängen des Es nachzugeben, müssen sie sich ihrem Ich entsprechend verhalten. Zielgerechtes Verhalten, das sich auf eine intelligente Einschätzung der Lage gründet, in der sie sich befinden, muß an die Stelle der Wunscherfüllungs-Phantasien treten. Anstatt seines Fingers zeigt Hänsel ein Knöchlein, und schließlich wird die Hexe dazu gebracht, selbst in den Ofen zu steigen. Erst wenn die Gefahren richtig erkannt werden, die daraus entstehen, daß man an seine primitive Oralität mit ihren destruktiven Tendenzen fixiert bleibt, erst wenn man diese Gefahren kennt und mit ihnen kämpft, eröffnet sich der Weg zu einem höheren Entwicklungsstadium. Dann stellt sich heraus, daß die gute, spendende Mutter tief in der bösen, destruktiven versteckt gewesen ist, denn es finden sich dann große Schätze, die einem für den Rest des Lebens zugute kommen. Die Kinder erben die Edelsteine der Hexe und nehmen den Reichtum mit nach Hause. Viel wichtiger aber ist, daß die Kinder ihre Unabhängigkeit erkämpft haben.

Wenn das Kind dieses Märchen wirklich in sich aufgenommen hat, wird ihm langsam klar, daß die Vögel, welche die Brotkrumen aufgefressen haben, den Kindern wirklich einen großen Dienst erwiesen haben. Denn hätten die Vögel die Krumen nicht gefressen, würden Hänsel und Gretel nie ihr großes Abenteuer erlebt haben, sondern wären immer hilflose Kinder geblieben, die sich nie ihrer inneren eigenen Kräfte bewußt geworden wären. So ist es auch ein Vogel, der sie zum Lebkuchenhaus geleitet und ein anderer Vogel, der es ihnen ermöglicht, nach Hause zurückzukehren. Die verschiedenen Vögel zeigen den Kindern, welchen Weg sie einschlagen müssen, um sich selbst zu finden, um Unabhängigkeit von den Eltern zu erringen. Ohne sich dessen bewußt zu sein, verstehen die Kinder – sie verstehen es in ihrem Unbewußten –, daß das Elternhaus und das Haus der Hexe nur getrennte Aspekte von etwas sind, das in Wirklichkeit eine Gesamterfahrung darstellt. Anfangs ist die Hexe eine Mutterfigur, die den Kindern Gutes tun will. Wir hören:

> „Sie faßte beide an der Hand und führte sie in ihr Häuschen. Da ward gutes Essen aufgetragen, Milch und Pfannekuchen mit Zucker, Äpfeln und Nüssen. Hernach wurden zwei schöne Bettlein weiß gedeckt, und Hänsel und Gretel legten sich hinein und meinten, sie wären im Himmel."

Erst am nächsten Morgen gibt es ein rauhes Erwachen aus einem solchen Wunschtraum kindlicher Glückseligkeit:

„Die Alte hatte sich nur freundlich angestellt, sie war aber eine böse Hexe ..."

Das sind die Gefühle, die ein Kind hat, wenn es von ambivalenten Empfindungen gequält wird, von den Versagungen, den Ängsten der vorödipalen und ödipalen Entwicklungsstadien, wie auch von seiner zuvor erlebten Enttäuschung und Wut, wenn die Mutter seine Bedürfnisse und Wünsche nicht mehr unbedingt und nicht mehr vollständig erfüllt, wie es das Kind aber erwartet. Empört darüber, daß die Mutter ihm nicht mehr uneingeschränkt zu Diensten steht, sondern im Gegenteil unabhängiges Verhalten von ihm erwartet, wenn sie selbst sich ihren eigenen Interessen widmet – etwas, was das Kind zuvor nicht in sein Bewußtsein eindringen ließ – empört darüber bildet es sich jetzt ein, daß die Mutter es nur zum Narren gehalten hat, als sie das Kind stillte und eine Welt der Glückseligkeit schuf. So wäre die Mutter genau wie die Hexe im Märchen.

Das Elternhaus steht vor einem großen Wald und das verhängnisvolle Häuschen in der Tiefe des Waldes, und so bilden sich auf einer unbewußten Ebene die gegenteiligen Aspekte des Elternhauses heraus, die zufriedenstellenden, wunscherfüllenden und die versagenden. Daß das Elternhaus direkt am Walde liegt, in dem sich alles Wichtige abspielt, ist ein Hinweis darauf, daß das, was folgt, von Anfang an drohte. Wie bereits erwähnt, symbolisiert das Verhalten der Vögel, daß das ganze Geschehen zum Wohl der Kinder veranstaltet wurde. Seit frühesten Zeiten hat die weiße Taube die höchsten Mächte, den heiligen Geist, symbolisiert. Hänsel behauptet seinen Eltern gegenüber, er sehe sich nach einem weißen Täubchen um, das auf dem Dach des Elternhauses sitze und ihm Ade sagen wolle. Ein wunderschöner schneeweißer singender Vogel führt die Kinder zum Lebkuchenhaus und setzt sich dort aufs Dach, um die Kinder darauf hinzuweisen, daß sie an den richtigen Ort gelangt sind. Ein weiterer weißer Vogel wird benötigt, um die Kinder sicher nach Hause zu bringen. Ein großes Wasser versperrt ihnen den Heimweg, und sie können es nur mit Hilfe einer weißen Ente überqueren. Auf dem Hinweg waren die Kinder auf kein großes Wasser gestoßen. Daß sie es auf dem Rückweg überqueren müssen, symbolisiert sowohl einen Übergang als auch einen Neubeginn, jedoch auf einer höheren Existenzebene. Als sie ihr Elternhaus verließen, waren die Welt der wunscherfüllenden und der angsterfüllenden Phantasien und die wirkliche Welt nicht voneinander getrennt. Wirklichkeit und Phantasie waren eins. Nachdem sie nun ihre Unabhängigkeit und Selbständigkeit erkämpft haben und sich auf dem Rückweg befinden, ist die Welt der Phantasie, das Erlebnis mit der Hexe und die Welt der Wirklichkeit streng getrennt, und man kann diese Grenze nicht mehr so leicht überschreiten. Bis sie zum Hexenhaus kamen, haben sich die Kinder nie getrennt, nie unabhängig voneinander gehandelt. Genauso wie sie die Symbiose mit der Mutter nicht aufgeben wollten, waren sie auch nicht bereit, auf die Symbiose miteinander zu verzichten. Aber das Erlebnis mit der Hexe zwang sie, diese Symbiose aufzugeben. Hänsel und Gretel werden gezwungen, selbständig und verschiedenartig zu handeln. Es ist nötig, sich voneinander zu trennen, alle Symbiosen aufzugeben und ein Selbst zu entwickeln. Dies findet seinen symbolischen Ausdruck darin, daß die Kinder das große Wasser, das sie von ihrem Zuhause trennt, nicht miteinander überqueren können.

Während ursprünglich Hänsel der aktivere war, der beim ersten Mal den Weg nach Hause fand, wird nach der Begegnung mit der Hexe Gretel die Aktive. Hänsel möchte noch zusammen mit Gretel auf der Ente das Wasser überqueren, aber sie weiß es besser. Sie ist reifer als ihr Bruder, wie es ja auch stimmt, daß Mädchen früher reif werden als Buben. Sie ist es, die die Hexe in den Ofen stößt, und sie ist es auch, die die weiße Ente am Wasser erspäht und sie bittet, den Kindern hinüber zu helfen. Wie gesagt, versucht dann Hänsel noch einmal, die Symbiose wiederherzustellen, indem er Gretel auffordert, sich mit ihm auf die Ente zu setzen. Wie dem auch sei, Gretel weiß, daß das nicht geht, sie weiß, daß man die Hexe in den Ofen stoßen muß und daß sie jetzt nur einzeln nach Hause zurückgehen können. So trägt die Ente erst das eine und dann das andere Kind über das große Wasser.

Was die Kinder im Hexenhaus erlebt haben, hat sie von ihren oralen Fixierungen endlich befreit. Nachdem sie das Wasser überquert haben, kommen sie gereift am anderen Ufer an, bereit, sich bei der Lösung ihrer Probleme auf ihren eigenen Verstand und ihre eigene Initiative zu verlassen. Als Kinder, die ganz von den Eltern abhängig sein wollten, waren sie für ihre Eltern eine zu große Last. Bei der Rückkehr werden sie durch die Schätze, die sie mit nach Hause bringen, zur Stütze der Familie.

Der wahre Schatz ist jedoch die neugewonnene Unabhängigkeit der Kinder in ihrem Denken und Handeln. Ihr neues Selbstvertrauen ist das Gegenteil der passiven Abhängigkeit, die sie charakterisierte, als sie ausgesetzt wurden. Wir hören auch, daß die Mutter gestorben und jetzt der Vater die wichtige Figur ist, wie eben im Leben auch der Vater die wichtige Figur für die älteren Kinder ist, während die Mutter durchaus weiterhin große Bedeutung hat, aber doch nicht allein wichtig ist wie für das kleinere Kind. Dieses Märchen zwingt wie viele andere die existenziellen Gefahren der Kindheit nicht objektiv, sondern in phantastischer Übertreibung, in symbolischer Form, entsprechend der unreifen Angst des Kindes. Diese Angst ist in „Hänsel und Gretel" in der kinderfressenden Hexe symbolisiert. Das Märchen macht dem Kind Mut, die Phantasieprodukte seiner Angst zu überprüfen. Es gibt ihm Vertrauen, daß es nicht nur mit den oralen Gefahren fertig werden kann, vor denen es seine Eltern gewarnt haben, sondern sich sogar aus den phantastisch übertriebenen Gefahren, die nur in seiner eigenen Angst existieren, retten kann. Eine Hexe, die aus der Angstphantasie des Kindes geboren wurde, wird es Tag und Nacht verfolgen. Eine Hexe, die man in ihren eigenen Ofen stecken und dort verbrennen kann, ist eine Hexe, von der sich das Kind befreit fühlen kann. Solange Kinder an Hexen glauben – wie sie es zu gewissen Zeiten ihres Lebens immer getan haben und immer tun werden bis sie alt und reif genug geworden sind, daß sie sich nicht mehr gezwungen fühlen, ihre gestaltlosen Ängste in menschliche Gestalten wie die Hexe zu projizieren – solange Kinder also an Hexen glauben, brauchen sie die Hilfe solcher Geschichten, in denen sie es fertigbringen, sich von solchen Verfolgungsphantasien und solchen verfolgenden Figuren zu befreien. Wenn ihnen das gelingt, haben sie genau wie Hänsel und Gretel dann einen ungeheuren Gewinn davon für ihr eigenes Leben. So wie ich, als ich mit meiner Cousine die Geschichte von „Hänsel und Gretel" ausagierte und wir dadurch unsere Unabhängigkeit erlangten. Deshalb ist das Märchen von „Hänsel und Gretel" mein persönliches Lieblingsmärchen. Und warum ich „1001 Nacht“ so sehr liebe, wissen Sie ebenfalls: weil ich noch immer versuche es auszuagieren – durch Psychoanalyse.

Für den Druck bearbeitet von Helga Triendl und Nora Lehmann

Literatur

Dieckmann, H. (1978): Gelebte Märchen. – Hildesheim: Gerstenberg.

Freud, S. (1913): Märchenstoffe in Träumen. – Gesammelte Werke, Band X. Frankfurt: S. Fischer 1944, 2–9.

Freud, S. (1918): Aus der Geschichte einer infantilen Neurose. – Gesammelte Werke, Band XII, Frankfurt: S. Fischer 1947.

Wittgenstein, O. G. (1965): Märchen – Träume – Schicksale. – Düsseldorf-Köln: E. Diederichs 1965.